O poder *da* oração *pelo* casamento

— Elizabeth George —

O poder da oração pelo casamento

Ore pelo seu marido e fortaleça
o seu relacionamento

UNITED PRESS
UM SELO EDITORIAL HAGNOS

15 Verses to Pray for Your Husband
Copyright © 2015 de Elizabeth George
Publicado por Harvest House Publishers
Eugene, Oregon 97402
<www.harvesthousepublishers.com>
Copyright © 2018 por Editora Hagnos
Ltda. (Portuguese)

1ª edição: abril de 2018
1ª reimpressão: janeiro de 2022

TRADUÇÃO
Karina Lugli Oliveira

REVISÃO
Josemar de Souza Pinto
Sonia Lula Almeida

CAPA
Maquinaria Studio

DIAGRAMAÇÃO
Sonia Peticov

EDITOR
Aldo Menezes

Coordenador de produção
Mauro W. Terrengui

IMPRESSÃO E ACABAMENTO
Imprensa da Fé

As opiniões, as interpretações e os conceitos emitidos nesta obra são de responsabilidade da autora e não refletem necessariamente o ponto de vista da Hagnos.

Todos os direitos desta edição reservados à
EDITORA HAGNOS LTDA.
Av. Jacinto Júlio, 27
04815-160 — São Paulo, SP
Tel.: (11) 5668-5668

E-mail: hagnos@hagnos.com.br
Home page: www.hagnos.com.br

Editora associada à:

Dados Internacionais de Catalogação na Publicação (CIP)
Angélica Ilacqua CRB-8/7057

George, Elizabeth

O poder da oração pelo casamento: ore pelo seu marido e fortaleça o seu relacionamento / Elizabeth George; traduzido por Karina L. de Oliveira. — São Paulo: Hagnos, 2018.

ISBN 978-85-243-0544-3

Título original: 15 Verses to Pray for Your Husband

1. Maridos — Orações e devoções   2. Casamento — Aspectos religiosos   3. Casais — Orações   4. Vida cristã   I. Título   II. Oliveira, Karina L. de

17-1868   CDD-242.8435

Índices para catálogo sistemático:
1. Maridos – Orações

Sumário

Respondendo ao chamado de Deus para orar • 7

CAPÍTULO UM
Orando pelo crescimento espiritual do seu marido • 19

CAPÍTULO DOIS
Orando pelo seu casamento • 35

CAPÍTULO TRÊS
Orando pelo seu marido como pai • 51

CAPÍTULO QUATRO
Orando por sabedoria para o seu marido • 67

CAPÍTULO CINCO
Orando pelo emprego do seu marido • 81

CAPÍTULO SEIS
Orando pela visão financeira do seu marido • 95

CAPÍTULO SETE
Orando pelo seu marido na tomada de decisões • 109

CAPÍTULO OITO
Orando pela saúde do seu marido • 123

CAPÍTULO NOVE
Orando pelo seu marido no uso do tempo • 137

CAPÍTULO DEZ
Orando pela pureza do seu marido • 153

CAPÍTULO ONZE
Orando pelo modo de falar do seu marido • 169

CAPÍTULO DOZE

Orando para o seu marido agir com coragem • 185

CAPÍTULO TREZE

Orando pela caminhada do seu marido com Deus • 203

CAPÍTULO CATORZE

Orando para o seu marido ser o líder • 219

CAPÍTULO QUINZE

Orando pelo seu marido como parte do seu time • 233

Sobre a autora • 249

Respondendo *ao*
chamado de Deus para orar

Senhor, ensina-nos a orar...

LUCAS 11.1

Em qualquer jornada, como a de se tornar uma fiel guerreira de oração pelo seu marido, é sempre necessário que se dê o primeiro passo. Lembro-me de quando dei o primeiro passo no sentido de realmente aprender a orar. Foi no dia 8 de maio de 1983, Dia das Mães. Minha filha Katherine (com 13 anos de idade) me deu de presente um livrete sem nada escrito. Ele era roxo (a cor favorita de Kath)... e eu ainda o tenho, porque é uma recordação importante para mim. Uma das razões por que ele é tão especial é que foi minha filha querida quem o deu para mim!

Katherine surgiu com a ideia para o presente e combinou com Jim (meu marido e pai de Kath) que faria tarefas extras a fim de ganhar dinheiro para comprar algo para me dar no Dia das Mães. Então os dois saíram juntos para comprar o presente perfeito para a mamãe. Katherine fez uma dedicatória na parte interna com sua bela letra, embalou o presente com muito amor e cheia de orgulho me entregou aquele pequeno tesouro naquele domingo de manhã há muitos anos.

Acredite, eu gritei! Chorei! Fiz de tudo! Só faltou dar cambalhotas para expressar minha gratidão à minha querida filha. Mas então deparei com um problema: o que fazer com um livro em branco? Por vários meses, deixei o pequeno livro na mesa de café a fim de mostrar à minha querida Katherine quanto eu tinha realmente apreciado o presente. Então um dia, sem saber exatamente o que fazer com ele, o transferi para a estante de livros... e ali ele ficou...

... até 12 de setembro, quatro meses depois. Aquele era o dia em que eu completava dez anos de conversão. Sentei-me sozinha diante do Senhor e fiz uma retrospectiva dos meus primeiros dez anos como filha de Deus. É claro que isso me levou a um tempo de gratidão a ele por sua misericórdia, sua graça, seu cuidado, sua direção, sua sabedoria, minha salvação por meio de Jesus e muito mais.

Minhas orações de reconhecimento a Deus jorravam sem parar. Então, depois de secar meus olhos com um lencinho, voltei os meus pensamentos para o futuro e orei: "Senhor, ao iniciar uma nova década contigo, existe algo na minha vida cristã que esteja faltando"?

Ah, querida amiga, a única coisa que posso relatar é que, antes mesmo de colocar o ponto de interrogação na pergunta, eu já sabia no meu coração qual era a resposta: a oração. Deus estava me chamando a orar. Fazer da oração uma prioridade. Prestar séria atenção na oração. Tornar-me uma mulher de oração.

Igualmente de repente, eu soube o que fazer com aquele livrete roxo de páginas em branco. Corri até a prateleira e removi aquele pequeno tesouro. "Aí está você!", clamei, reconhecendo que ele havia ficado ali esperando por quatro meses por aquele dia em particular para ser usado daquela forma em especial. Animada, abri o livro e escrevi na primeira página:

> Eu me dedico e faço o propósito de gastar os próximos dez anos de vida com o Senhor, se o Senhor quiser, desenvolvendo uma vida significativa de oração.

Assumindo um compromisso

Por que escolhi dez anos para o meu compromisso de desenvolver uma vida significativa de oração? Provavelmente porque aquele era o meu décimo aniversário de nova vida em Cristo. Hoje, ao contar essa história, esses dez anos já se passaram. E quero lhe dizer que neste exato momento ainda estou aprendendo a orar!

Como você provavelmente já sabe, você e eu nunca acordaremos algum dia num ponto em que poderemos marcar o item "Aprender a orar" como algo feito na nossa lista de afazeres. Não, ninguém ora o suficiente, assim como ninguém ora com a paixão que gostaria ou deveria orar. E ninguém ora por todas as pessoas que precisam de oração.

Por esse motivo, precisamos continuar a jornada de oração até "conseguirmos", até podermos dizer que começamos a entender um pouco que seja sobre a oração. E, até que isso aconteça, uma porção de cristãos ora o que chamo de orações ao estilo de "Christopher Robin", o menino do livro clássico infantil de A. A. Milne, *When We Were Very Young*[1] [Quando éramos pequenos — da série dos livros do Ursinho Puff]. O pequeno Christopher tinha dificuldade com suas preces noturnas. Ele se distraía de tal forma com tudo e qualquer coisa — o que você imaginar — que não conseguia

---

[1] MILNE, A. A. *When we were very young*. New York: E. P. Dutton and Co., data desconhecida.

se lembrar por quem ou o que orar. Então acabava orando "Deus abençoe _____", preenchendo o espaço em branco com os nomes de familiares e amigos, da babá e dos animais de estimação dele... até se distrair novamente.

Eu consigo me identificar com a experiência de Christopher Robin com a "oração". Talvez você também consiga. Era exatamente assim que eu orava... até que assumi o compromisso de responder ao chamado de Deus para orar. Minha mente divagava da mesma forma que a de Christopher Robin. Eu não sabia por quem orar ou como orar por essas pessoas, de modo que minhas orações consistiam basicamente em tentativas débeis, até que finalmente se resumiam a um murmúrio: "Deus abençoe a mim e a minha família hoje".

Organizando-se — Dando um passo

Então comecei a anotar pedidos de oração naquele livrinho roxo. Mas, de forma muito rápida, ficou claro que faltariam páginas em branco — elas mediam apenas 8 x 13 centímetros cada! Você consegue imaginar tentar encaixar cada área da sua vida, todas as pessoas que você conhece, todas as decisões que precisa tomar e todos os compromissos, objetivos e resoluções para obter crescimento espiritual em um diário miniatura?

Percebi que, se pretendia ser uma guerreira de oração fiel, eu teria de fazer algo. Então fui até nossa estante de livros e peguei uma pasta fichário grande, vazia, e depois procurei algumas folhas de caderno pautadas. Orei muitos dias usando aquele belo livrete até perceber que eu queria orar por áreas e questões da minha vida diária em ordem de prioridade.

Próxima tarefa? Criar uma etiqueta para cada divisão do meu novo caderno de oração. Minha primeira etiqueta era "Deus", para meu relacionamento com ele. Minha próxima prioridade mais importante era o meu marido, que recebeu a etiqueta seguinte — "Jim" — e uma porção de folhas pautadas. Daquele dia em diante, Jim recebia minhas orações quase diariamente pelo dia que estava por vir, assim como por qualquer coisa e tudo pelo que ele estivesse passando ou teria que enfrentar no futuro.

Talvez você consiga imaginar a progressão das minhas etiquetas naquele fichário surrado que mudariam minha vida de oração — e minha vida como um todo! Cada uma das minhas filhas, "Katherine" e "Courtney", recebeu uma etiqueta. Minha "casa" também. A seguir, criei a etiqueta "Eu" a fim de orar pelo que eu necessitava para crescer e objetivos para meu aprimoramento. Em seguida, "Ministério" completou minha configuração inicial.

Naquele tempo, eu não tinha este livro que você está lendo, mas agora, sabendo do que passei com meu Jim e a vida dele, e ao conversar e ler cartas e *e-mails* de mulheres de todo o mundo, quero exortá-la a montar algum tipo de sistema de oração. Pode ser um caderno, um diário, um aplicativo de celular ou um arquivo pessoal no seu computador.

Qualquer que seja sua escolha, tente incorporar as quinze áreas da vida do seu marido que são apresentadas neste livro. Você pode começar agora mesmo — hoje — tomando a decisão de criar uma nova página para o seu marido conforme lê cada capítulo. Caso você queira orar todas as orações neste livro a cada dia ou decida se concentrar em apenas uma por dia, use a oração fornecida para orar pelo seu marido.

ORANDO POR SEU MARIDO

Espera-se que você já tenha o seu marido como ponto central de suas orações até o momento. Se esse for o caso, o seu esposo é um homem abençoado por tê-la como esposa! Aqui estão algumas sugestões e até alertas que você deve manter em mente para torná-lo seu "projeto de oração" especial para a vida.

Ore sem esperar resultados imediatos. Deus trabalha o tempo todo. É como o salmista escreveu: *Ele não permitirá que teus pés vacilem; aquele que te guarda não se descuida. É certo que o guarda de Israel não se descuidará nem dormirá* (Sl 121.3,4). Deus não trabalha de acordo com o seu cronograma. Estou certa de que você sabe disso por experiência. Por exemplo: Deus tem sido paciente com você até agora, não é mesmo? Ainda assim ele está trabalhando na sua vida. Você não está onde precisa estar ou onde um dia estará, mas também não está onde costumava estar!

Agora você deve aplicar esse conhecimento de Deus ao seu marido. Assim, você ora por ele com fidelidade e para sempre. Este é seu compromisso de amor. Ao orar pelo seu marido, não crie expectativas ou busque milagres instantâneos. Aprenda uma lição com Mônica, mãe de Agostinho, um dos pais da igreja primitiva. Essa crente devota e mãe dedicada orou por décadas até Deus abrir o coração do filho e ele aceitar a Cristo aos 31 anos de idade.

A passagem de 1Coríntios 13 diz que *O amor é paciente [...] tudo sofre, tudo crê, tudo espera, tudo suporta* (v. 4,7). Essa, minha irmã em Cristo de oração, deve ser nossa abordagem ao orar por nosso esposo. Oramos independentemente do que acontecer. Oramos — e somos pacientes enquanto tudo sofremos e suportamos, sempre crendo e nunca perdendo a esperança.

Não se desanime no percurso da sua jornada de oração. É exatamente isto: uma jornada! Isso significa que envolve tempo e precisa de tempo, até mesmo de uma vida inteira. Seja persistente, porém paciente, ao orar. Deus está de "ouvidos abertos" para suas orações e seus clamores; ele a vê em secreto, e age quando e como ele decidir (1Pe 3.12; Mt 6.6).

Ore, mesmo quando não tiver vontade de fazê-lo. Quando estiver desanimada ou frustrada com o que está acontecendo ou não no seu casamento, ore! Deus conhece seu coração, seus sonhos e desejos, e também suas tristezas. Comece seu tempo de oração contando ao Pai celestial tudo o que está acontecendo ou não no seu casamento, na sua casa e na sua vida — e do seu marido também.

Mas também faça como o escritor do Salmo 77 fez. Por dez versículos, Asafe se lamentou com Deus sobre sua situação sombria. Então ele teve um momento de despertar e dizer "Espere aí!" e reconheceu: *Isto é enfermidade minha; mas eu me lembrarei dos anos da destra do Altíssimo. Eu me lembrarei das obras do SENHOR; certamente que eu me lembrarei das tuas maravilhas da antiguidade* (v. 10,11, ACF).

Asafe superou a crise em sua mente e mudou seu padrão de pensamentos. Ele afirmou de forma resoluta *mas eu* e então louvou a Deus e afirmou que Deus é, foi e sempre será fiel e bom, nunca errado no que faz.

Ore esperando batalhas. Ao longo de todo o capítulo 17 de João, vemos Jesus, o Filho de Deus, em oração ao Pai que está no céu. No que costuma ser chamada de Oração Sacerdotal de Jesus, você aprenderá que o mundo é um campo de batalha no qual as forças do mal estão em guerra contra aqueles que estão debaixo da amorosa autoridade de Deus. Satanás e o sistema maligno que ele estabeleceu estão em constante ataque contra o povo de Deus. Tendo isso em mente, Jesus orou em João 17 por seus doze discípulos e, por extensão, orou por todos os seguidores, inclusive por você e pelo seu marido.

Pelo que Jesus orou? Que o Pai guardasse todos os salvos de todos os tempos, incluindo você e o seu esposo, do poder de Satanás e os mantivesse separados, santos e puros. Espera--se que o seu marido esteja orando por você, mas, mesmo que ele não esteja, você deve abraçar seu papel como guerreira de oração. É vital que você se enxergue como um soldado batalhando quando orar pelo seu amado. É um grande encorajamento saber que Jesus está no céu também intercedendo em favor do seu marido, não é mesmo? Que bela equipe!

Ore, sabendo que o Espírito Santo também está intercedendo. Às vezes nós, como esposa, não sabemos como orar pelo nosso marido. Se for pelo menos um pouco parecida comigo, você está tão próxima das lutas do seu marido que costuma ficar paralisada por medo ou perplexidade. É durante esses momentos de desespero que eu e você podemos contar com o Espírito Santo ao lado de Deus, o Pai, e Jesus, seu Filho. Quando não souber o que pensar ou como orar pelo seu esposo, você pode estar certa de que o Espírito Santo sabe e está intercedendo em favor dele.

O texto de Romanos 8.26 diz: ... *O Espírito nos socorre na fraqueza, pois não sabemos como devemos orar, mas o próprio Espírito intercede por nós com gemidos que não se expressam com palavras.* Sabemos que estamos em boas mãos, porque o versículo seguinte diz que tal intervenção está sempre em harmonia com a vontade de Deus: *Ele intercede pelos santos, segundo a vontade de Deus* (v. 27). Sinta-se encorajada ao orar pelo fato de que não é só você quem está orando, mas Jesus está intercedendo à destra do Pai e, da mesma forma, o Espírito está envolvido. Toda a Trindade se junta a você em orações pelo seu marido!

Ore, deixando os resultados com Deus. Deus ordena a seu povo orar em cessar (1Ts 5.17). E assim você faz como ele manda e ora! Mas o verdadeiro conforto ao orar por seu esposo está em deixar seus pedidos no colo de Deus, por assim dizer. Sim, você ora. Sim, você observa e espera pelos resultados. E, sim, você pode observar e esperar por décadas. Mas a cada dia — e todo momento em que experimentar nem que seja uma ponta de ansiedade ou frustração — você deposita suas preocupações nas mãos de Deus para que ele faça *como* e *quando ele quiser*. Filipenses 4.6 diz: ... *sejam os vossos pedidos plenamente conhecidos diante de Deus.* E depois disso? Você experimenta a *paz de Deus* (v. 7).

CONCENTRE-SE NAS SUAS BÊNÇÃOS

Davi, em um de seus muitos salmos, nos deu uma instrução quando escreveu: *Ó minha alma, bendize o* SENHOR, *e não te esqueças de nenhum dos seus benefícios* (Sl 103.2). Quando estamos orando e penetrando os portões do céu em favor do nosso marido, é fácil nos concentrarmos no que não temos ou no que parece que Deus não está fazendo. É fácil questionarmos a Deus e começarmos a perguntar: "Por que não muda nada? Por que o Senhor não está consertando isso? Por que o Senhor não responde à minha oração? O que estou fazendo errado?" Mas, em meio a todo o nosso questionamento, Davi nos cutuca para lembrarmos e percebermos todas as bênçãos de Deus, todos os seus "benefícios".

Tenho uma confissão a fazer: eu amo Salmo 103.2 e levei a sério a exortação de "não me esquecer" das muitas formas pelas quais Deus me abençoa. Então, no primeiro dia em que usei meu livrinho roxo todo em branco para orar, separei uma página intitulada "Bênçãos" e me concentrei em fazer uma lista de todas as bênçãos que ocorreram no meu dia — e ainda eram 10 horas da manhã.

O que eu tinha na cabeça? Você consegue imaginar — só uma página para registrar *todas* as bênçãos de Deus para você como filha, especialmente uma página de 8 x 13 centímetros? Em poucos minutos a página estava cheia e eu ainda nem tinha terminado! As palavras de Jesus saltavam na minha mente: *Quanto mais vosso Pai, que está no céu, dará boas coisas aos que lhe pedirem!* (Mt 7.11). Ah, como ele sempre dá!

16 O PODER DA ORAÇÃO PELO CASAMENTO

É desnecessário dizer que, quando fiz meu caderno grande de folhas avulsas, criei uma etiqueta individual escrita "Bênçãos" para fazer um registro das múltiplas formas pelas quais Deus estava me abençoando e encorajando. (E não demorou muito para as páginas estarem repletas de evidências das bênçãos de Deus, a ponto de preencher uma pasta no nosso armário de arquivos.)

Lembre-se todos os dias — e várias vezes durante o dia — de ao menos reconhecer as bênçãos de Deus. Manter um registro dos benefícios do Senhor faz que você fique extremamente consciente da presença de Deus em seus dias, horas e minutos. Então, quando confrontada por um dia difícil, fora do comum, e você se sentir especialmente desanimada, talvez até deprimida, pegue suas listas, revise-as e louve a Deus pelas bênçãos do passado. Isso renovará seu ânimo.

OLHANDO PARA A FRENTE

A oração é de fato o principal hábito que você deveria desejar sendo uma mulher de fé. Ao passar por este livro e descobrir as diferentes formas de orar por seu marido, quero que você guarde este pensamento:

Aquele que aprende a orar
Aprende o maior segredo
De uma vida santa e feliz.[2]

Estou certa de que você captou a palavra "aprende". Todo o seu aprendizado e esforços em oração ajudarão a levá-la a uma "vida santa e feliz". E o lindo milagre é que essa vida santa e feliz pode ser sua a cada dia... todos os dias... conforme

---

[2] LAW, William. *A practical treatise upon christian perfection.* London: William and John Innys, 1726, p. 459.

você responder ao chamado de Deus para orar. Então permita que o derramar do seu coração pelo seu marido comece agora — hoje! A oportunidade e o privilégio de falar com Deus por meio da oração são seus.

Ao aprofundar sua vida de oração e a oração pelo seu marido, você colocará o nome dele em quinze orações para orar por ele. Mas, antes de iniciar seu projeto de oração por ele, há um lugar onde espero que você escreva *seu* nome. A declaração a seguir foi feita por George Müller. Esse homem orava com persistência e sem cessar. Sem pedir a uma única pessoa por ajuda, ou sequer compartilhar suas necessidades, ele orava para Deus sustentar diariamente os muitos órfãos de quem cuidava. Por meio de fervente oração, ele foi capaz de suprir todas as necessidades — comida, roupas, saúde e educação — de mais de 10.000 crianças durante sua vida.

Você não gostaria de ter a fé inexorável de Müller e o mesmo tipo de resposta às suas orações pelo seu marido? Você pode! Especialmente se desenvolver o grau de determinação de George Müller ao orar pelo seu amado:

> Eu vivo em espírito de oração. Oro ao andar, quando deito e quando me levanto. E as respostas estão sempre chegando. Milhares e dezenas de milhares de vezes minhas orações foram respondidas. Uma vez que eu esteja persuadido de que algo seja certo e para a glória de Deus, prossigo orando por isso até a resposta chegar. George Müller nunca desiste![3]

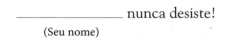 nunca desiste!
(Seu nome)

---

[3] George Müller, conforme citado em HARRISON, Nick. *Power in the promises*. Grand Rapids: Zondervan, 2013, p. 226.

CAPÍTULO UM

Orando pelo crescimento espiritual *do seu marido*

[...] *Nós também não cessamos de orar por vós e de pedir que sejais cheios do pleno conhecimento da sua vontade, em toda sabedoria e entendimento espiritual. Assim, oramos para que possais viver de maneira digna do Senhor, agradando-lhe em tudo, frutificando em toda boa obra e crescendo no conhecimento de Deus, fortalecidos com todo o vigor, segundo o poder da sua glória, para que, com alegria, tenhais toda perseverança e paciência.*
COLOSSENSES 1.9-11

Cada casamento tem um início diferente. Para mim e Jim, esse início foi no *campus* da Universidade de Oklahoma. Com meu novo cronograma para o segundo semestre do ano, minha rota até a aula de balé permitia que eu cruzasse toda segunda, quarta e sexta com um rapaz muito bonito e amistoso. Até hoje sou muito grata por ter me inscrito naquela aula de balé para preencher os créditos que eu precisava em belas-artes.

O rapaz muito bonito e amistoso era conhecido no *campus* como Jim George Sorridente, o que se encaixava perfeitamente, pois ele sorria, ria e cumprimentava todos que passassem por ele — o que incluía a mim. Três vezes por semana sorríamos e dizíamos "Oi" um ao outro. Então, um amigo de Jim combinou um encontro às cegas para nós dois — e oito meses depois nos casamos! Ele, o cientista com especialização em farmacêutica, casado com a bailarina com especialização em inglês. Que combinação... ou será que foi falta de combinação?

Contarei mais da nossa história um pouco mais à frente, mas apenas permita-me dizer que Jim e eu passamos os cinco anos seguintes basicamente fazendo tudo errado no nosso casamento. Então, acrescentamos duas menininhas à mistura e passamos mais três anos nos debatendo e fazendo tudo errado como pais. Veja, não tínhamos nenhum alicerce, nenhuma diretriz, nenhum princípio para nos mostrar o caminho para um casamento e uma família plenos e felizes.

Mas, por um grande milagre e pela graça de Deus, tornamo-nos um casal cristão! (Obrigada, Senhor!) Foi aí que começamos a crescer em Cristo. E, no primeiro dia na igreja, percebemos, quando o pastor disse: "Abram a Bíblia em...", que precisávamos de duas Bíblias com urgência. Fácil assim! Tratamos dessa necessidade imediatamente após o culto e compramos Bíblias idênticas.

O melhor de tudo foi que começamos a ler nossas Bíblias já no dia seguinte. No domingo seguinte, juntamo-nos à classe para jovens casais. Durante a aula, também nos inscrevemos para um grupo de estudo bíblico para casais às sextas-feiras. Éramos como esponjas! Participávamos de tudo o que aparecia. Também começamos a memorizar versículos da Bíblia e nos matriculamos em uma escola bíblica noturna num instituto bíblico local.

Depois de estarmos no mundo por tanto tempo, estávamos com fome — famintos! — por alguma coisa com substância, com significado, que desse resposta às nossas muitas perguntas, tais como: "Qual é o propósito da nossa vida? Como poderíamos ter um casamento relevante? Onde poderíamos buscar ajuda para criar duas crianças pequenas?"

Se já leu algum dos livros que Jim e eu escrevemos, você pode ter ficado tentada a pensar: "Uau, que vida maravilhosa Jim e Elizabeth têm". Bem, permita que eu diga rapidamente que não foi sempre assim. Depois de oito anos de casamento e três deles como pais, estávamos totalmente perdidos e confusos — e infelizes! Por quase uma década tivemos muito pouca ou quase nenhuma paz no nosso lar. Tínhamos discussões em excesso e discordávamos sobre quase tudo.

Uma coisa levou a outra até que estávamos realmente seguindo cada um o seu próprio caminho. O trabalho de Jim como vendedor de produtos farmacêuticos o consumia muitíssimo, e eu dava aulas dia e noite para conseguir meu mestrado e obter a licença em aconselhamento conjugal e familiar. Nós dois admitimos que chegamos a considerar a ideia de nos divorciarmos. Éramos o típico casal em choque que estava afundando pela terceira vez... e levando duas mininhas conosco.

Então chegou Jesus. Como amamos e abraçamos as boas-novas do evangelho! Com Jesus, veio uma nova vida. Éramos novas pessoas em Cristo. As coisas velhas tinham passado. Eis que tudo se fez novo! Ficamos deslumbrados com as verdades do novo nascimento e o perdão completo do nosso passado e dos nossos pecados. Sentíamo-nos desconcertados com o conhecimento de que nosso rol de pecados fora apagado pela morte de Jesus. Em Cristo, tínhamos uma segunda chance. Um novo começo.

Ao crescer espiritualmente, aprendemos sobre a presença do Espírito Santo em nós — e em cada cristão. Provamos em primeira mão a maravilhosa transformação que ocorre quando os seguidores de Jesus se alimentam da palavra de Deus e se comprometem a obedecer ao que a Bíblia revela sobre o comportamento que Deus deseja em seu povo. Ainda falhávamos com frequência... mas definitivamente estávamos crescendo.

Essas mesmas experiências também estão disponíveis a você — e ao seu marido — ao se comprometer a seguir a Cristo e amadurecer espiritualmente. Então, enquanto cresce no Senhor, você pode — e deve — orar pelo crescimento espiritual do seu marido. Aqui estão duas situações a considerar no seu casamento e ao orar.

E SE O MEU MARIDO NÃO FOR CONVERTIDO?

Se o seu marido não for convertido, então sua primeira e mais importante tarefa é orar diariamente para Deus o atrair para junto do Pai. Nunca é demais exortar que você ore com dedicação. É bem possível que você seja a única pessoa na face da terra a orar por ele. Isso significa que, se você não orar por ele, então provavelmente ninguém o fará! A Bíblia diz: *A súplica de um justo é muito eficaz* (Tg 5.16). O mesmo se aplica à oração poderosa e eficaz de uma *esposa* filha de Deus. Ela serve e realiza muito! A tarefa dada por Deus a você é de orar, continuar orando independentemente do que acontecer e confiar em Deus.

Enquanto estiver orando pelo seu marido, ore para Deus enviar pessoas para compartilhar sua fé com ele. Ore para que alguém dê a ele algum livro que mostre o caminho para Jesus. Foi assim que Jim e eu nos tornamos um casal cristão. Um dos médicos que Jim visitava todo mês era um cristão fervoroso e ele deu um exemplar de um livro cristão para Jim. (Por falar nisso, esse médico comprou centenas desse livro para dar a cada pessoa que entrasse em seu consultório!) Bem, Jim leu o livro pelas razões erradas — leu porque, *se* o médico perguntasse

ORANDO PELO CRESCIMENTO ESPIRITUAL DO SEU MARIDO 23

sobre o livro na visita comercial seguinte, Jim poderia sorrir e dizer que sim, ele havia lido, e então de modo educado e com conhecimento de causa conversariam sobre o tema. Quem poderia dizer que aquele livro viraria o mundo de Jim de pernas para o ar?! Como o apóstolo Paulo disse em Filipenses 3, Deus "alcançou", ou apanhou, Jim por meio dos textos bíblicos e verdades apresentadas naquele livro. Bem, assim como acontece com tudo o que é bom, Jim quis compartilhar com a sua esposa — essa sou eu! Ele logo pediu que eu lesse o livro. Com toda a honestidade, eu disse a ele: "Claro que vou ler". Afinal de contas, ler livros para meus estudos e trabalhos de faculdade era praticamente a única coisa que eu fazia (e minha casa bagunçada era prova disso!). Lamentavelmente, esse livro acabou esquecido na minha estante por dois anos e, assim como Jim, o dia em que o peguei e comecei a lê-lo foi quando minha vida mudou para sempre. De repente, Deus virou meu mundo de pernas para o ar também — e nos tornamos um casal segundo o coração de Deus. Foi então que, com toda a sinceridade e em perfeita unidade, nos lançamos na corrida que nos foi proposta (Hb 12.1).

Nunca é demais incentivá-la a orar pelo seu marido não convertido. Deus pode transformá-lo de cima a baixo e de dentro para fora. Deus é capaz de quebrar o coração mais duro. Ele se deleita em mostrar às pessoas o caminho para conhecê-lo e experimentar seu amor e perdão. A oração é seu acesso direto a Deus. Cada oração que você profere é do seu coração para o coração dele. Orar pelo seu marido é seu ato supremo de amor. É como um célebre teólogo observou: "Não há nada que nos faça amar mais um homem do que orar por ele".[1]

---

[1] WIRT, Sherwood Eliot citando William Law em *Topical encyclopedia of living quotations* (Minneapolis: Bethany House, 1982), p. 182.

E se o meu marido for convertido?

Se o seu marido for convertido, então não se esqueça de orar para Deus movê-lo a *querer* crescer como cristão.

Talvez este seja um bom momento para nos recordarmos de que nosso chamado não é para fustigar nosso marido para ler a Bíblia e ser mais comprometido com seu crescimento espiritual. É como um orientador me disse quando eu era ainda recém-convertida: não devo tentar tomar o papel do Espírito Santo de induzir e convencer o meu marido de que ele necessita crescer em Cristo.

É verdade. Como esposa, eu não sou responsável pelo crescimento espiritual do meu esposo. Mas *sou* responsável pelo meu próprio crescimento e cumprimento das ordenanças de Deus para amar e respeitar o meu marido, ser sua auxiliadora e primeira incentivadora em todas as coisas.[2]

Então o que a esposa deve fazer?

O primeiro item em sua "lista de afazeres das esposas" é orar, orar, orar! Em vez de lançar ou despejar sobre seu marido suas frustrações e desilusões com ele, ore! Conte a Deus todas as suas preocupações. Quando você descreve a Deus os desejos do seu coração e ora por algo que você *sabe* que Deus quer que ocorra na vida do seu esposo — como crescer em Cristo —, então está com toda a certeza falando à pessoa certa!

Vá mais além e dê as razões pelas quais está pedindo o que está orando a Deus. O primeiro item dessa lista deve ser o crescimento espiritual do seu marido, porque isso é algo que Deus deseja para a vida dele. Orar dessa forma faz com que Deus seja o centro de suas orações — não você ou algo que torne sua vida melhor ou mais fácil.

---

[2] Tito 2.4; Efésios 5.33; Gênesis 2.18, respectivamente.

Você também pode pedir para Deus plantar dentro do coração do seu marido um desejo de crescer no conhecimento de Deus, porque esse crescimento fará do seu marido um homem piedoso e um líder espiritual melhor para você e seus filhos. Há papéis que Deus pretende para todo homem casado cristão. Orar por isso não é servir a si mesma. Não, esse pedido também se alinha com a *vontade de Deus* de que o marido seja líder no lar (1Co 11.3; 1Tm 3.5).

Aqui vai outra forma de como você pode amar o seu marido: Ore para que um orientador espiritual tome o seu marido sob seus cuidados. Esse também é um pedido bíblico e agrada a Deus. Paulo tinha Timóteo para nutrir e treinar. Josué teve Moisés para observar e de quem aprender. Barnabé tomou seu sobrinho João Marcos e lhe ensinou tudo o que sabia sobre o serviço a Deus. Isso, querida esposa companheira, é o que Deus quer para o seu marido — que ele seja orientado e que um dia oriente outros.

No que diz respeito às nossas orações, Deus nos dá algumas diretrizes — e padrões de medida — para nos ajudar a conferir nossas motivações. Elas vêm de Tiago 4.2,3:

- *Nada tendes porque não pedis.* Qual é a mensagem de Deus? Certifique-se de que você está orando e pedindo para Deus trabalhar no coração do seu marido.
- *Pedis e não recebeis, porque pedis de modo errado, só para gastardes em vossos prazeres.* Lembre-se de que você não está pedindo nada para você mesma, mas o que sabe que Deus deseja do seu marido e para ele.

A primeira dessas duas diretrizes sobre a oração de Tiago 4 nos diz que talvez a razão pela qual não estejamos vendo Deus trabalhar na nossa vida, casamento e família seja por causa da nossa própria negligência em orar. Portanto, não temos o que nós, o nosso cônjuge e os nossos filhos precisamos porque não pedimos a Deus. A ordem de Deus para nós é que comecemos a pedir — e continuemos pedindo. O segundo ensinamento nos alerta que, uma vez que comecemos a pedir, devemos verificar nosso coração. Então começamos a orar e pedir... e talvez ainda não estejamos recebendo ou vendo o que estamos pedindo. Daí, pensamos: "Qual é o problema?" Deus diz que é possível que não estejamos recebendo respostas porque estamos pedindo "de modo errado". Estamos pedindo as coisas erradas ou por motivos errados.

Uma Bíblia de estudo ajuda a compreender esses dois princípios de Tiago 4.2,3 usando estes dizeres:

Você fala de fato com Deus? Quando o faz, sobre o que você fala? Você pede apenas que ele satisfaça seus desejos? Você busca a aprovação de Deus para os planos que já tem? Nossas orações se tornarão poderosas quando permitirmos que Deus transforme nossos desejos a fim de que eles correspondam perfeitamente à vontade dele para nós (1Jo 3.21,22).[3]

Uma oração

Aqui está a oração perfeita pelo crescimento e pela maturidade espiritual do seu marido. Sim, posso dizer que ela é perfeita, porque vem da Bíblia — a palavra de Deus que vem do coração dele! Ajustei estes versículos para servirem como sua oração pessoal a Deus pelo seu companheiro. Use estes versículos em suas orações com fervor e paixão — muitas vezes! — saindo do seu coração para o coração de Deus e coloque o nome do seu amado nos espaços em branco. Antes de prosseguir com a leitura, leia a passagem que constitui o

---

[3] *Life application Bible.* Wheaton, IL: Tyndale House e Youth for Christ/ USA, 1988, p. 1922.

Minha oração *pelo meu* marido

Colossenses 1.9-11

Deus Pai, eu não cesso de orar por _____ e pedir que _____ possa ser cheio com o conhecimento da tua vontade em toda sabedoria e entendimento espiritual; que _____ possa andar de modo digno de ti, Senhor, agradando-te totalmente, frutificando em toda boa obra e crescendo no conhecimento do Senhor, Deus; que _____ possa ser fortalecido com toda força, de acordo com teu glorioso poder. Amém.

Que oração fantástica! Tanto essa quanto todas as outras orações na Bíblia foram proferidas com um propósito. Então, descubramos o propósito e a razão para essa excelente oração que estamos fazendo pelo nosso marido.

Quando o apóstolo Paulo orou e escreveu essa oração, ele estava longe das pessoas que amava na igreja de Colossos. Na verdade, estava preso em Roma, a mais de 1.500 quilômetros de distância. Um dia, Epafras, pastor da igreja em Colossos, apareceu para visitar Paulo. Esse fiel pastor expôs a Paulo suas graves preocupações com as condições espirituais da igreja colossense.

O resultado da preocupação amorosa desse homem pela condição espiritual de seus amigos foi o livro de Colossenses.

Com o coração pesaroso repleto de amor, Paulo então escreveu uma "carta" às pessoas da igreja em Colossos. Nela, Paulo compartilhou as respostas e soluções de Deus para o problema deles.

Ao elucidarmos os três versículos da excepcional e sincera oração em Colossenses 1.9-11, pense no quanto as implicações dessa oração são importantes na vida espiritual do seu marido. *Ore por seu marido com fervor e sem cessar* (Cl 1.9). Assim como Paulo, sua oração pelo crescimento espiritual do seu parceiro deve ser frequente — e para sempre! É como Paulo escreveu: Nós também não cessamos de orar. Esse é um bom lembrete para toda esposa: que suas orações por seu marido não devem ser um evento que acontece apenas uma vez. Quando o seu marido tiver algum problema, necessidade ou crise, ou você tiver alguma preocupação com relação a ele, pode fazer uma oração rápida a qualquer hora e lugar, independentemente do que estiver fazendo.

Contudo, você não pode se contentar com orações ocasionais tipo "flechas" atiradas ao céu de quando em quando. Sim, há situações para rapidamente abrir o coração com Deus no decorrer do seu dia e ao pensar em alguém, ou quando seu coração estiver abatido ou precisar de sabedoria especialmente para aquele momento. Mas orar também é realizar negócios com Deus. É mais ou menos como preparar-se para uma apresentação a ser feita no trabalho, ou para um comitê ou uma diretoria. Você tem uma ideia, projeto ou novidade que pensa ser melhor para o negócio do seu empregador ou para incrementar o trabalho em que você está envolvida. Então você cria, edita, muda, afina e refina a apresentação a ser feita diante de quem tem o poder de decisão para que eles considerem — e, com sorte, aprovem.

Suas orações formais a Deus são como uma apresentação. Há algo que você deseja desesperadamente. Você deseja que o seu marido aceite a Jesus como seu Salvador. Ou quer que ele tenha o desejo de crescer como cristão. Isso é um negócio de grande importância — que você apresenta a Deus. Você derrama seu coração para Deus e as razões para o que está pedindo. Eu amo a imagem — e oração — apresentada em 2Reis 19.14-18. Quando o rei Ezequias recebeu uma carta de ameaça exigindo que ele se rendesse a um exército inimigo, o que ele fez?

Depois de Ezequias ter recebido e lido a carta trazida pelos mensageiros, subiu ao templo do SENHOR *e a estendeu diante do* SENHOR. *Então Ezequias orou ao* SENHOR... (v. 14,15).

Ezequias foi ao templo, colocou a carta diante do Senhor e orou, apelou, apresentou seu problema e seus pedidos e razões a Deus.

O rei Ezequias mostra como nos apresentarmos diante de Deus com algo que é vital para nós e para ele. Assim também o fez o apóstolo Paulo. Ele orava "sempre" (Fp 1.4), "sem cessar" (1Ts 5.17) e "constantemente" (2Tm 1.3, NVI).

Então, por que motivo você deve orar?

Ore para que o seu marido cresça no conhecimento da vontade de Deus (Cl 1.9). O foco da sua oração é que ele *seja cheio do pleno conhecimento da vontade de Deus*. A Bíblia diz que, *se pedirmos alguma coisa segundo sua vontade, ele nos ouve* (1Jo 5.14). Então, orar para que o seu marido conheça, viva e aja de acordo com a vontade de Deus é de extrema importância.

Como o seu marido (e você também) pode identificar a vontade de Deus? A vontade de Deus não é um mistério irreconhecível; então, o que mais é necessário para conhecê-la? A próxima frase de Colossenses 1.9 dá a resposta: *toda sabedoria e entendimento espiritual*.

30 O PODER DA ORAÇÃO PELO CASAMENTO

Você deve orar para que o seu marido tenha *sabedoria*. "Sabedoria" é a capacidade de reunir e organizar princípios das Escrituras. Você também deve orar pelo *entendimento espiritual* do seu marido — para que ele entenda o que lê e estuda na palavra de Deus. Isso porque "entender" é a aplicação desses princípios na vida diária do seu esposo. Essa é a essência da vontade de Deus!

Ore para que o seu marido agrade a Deus (Cl 1.10). Como já disse, essa é uma oração admirável e extraordinária a ser feita — que o seu marido agrade a Deus! O ato de agradar a Deus ocorre quando o esposo obedece aos mandamentos de Deus — quando ele faz a vontade de Deus. Você está orando para que o seu marido seguir e obedecer a Deus andando de modo digno, o que resultará em dar o fruto do Espírito em sua vida — o fruto do amor, alegria, paz, paciência, benignidade, bondade, fidelidade, amabilidade e domínio próprio (Gl 5.22,23). O ato de agradar a Deus também ocorre quando o seu marido cresce no conhecimento de Deus.

A passagem de Colossenses 1.10 resume como o seu marido pode agradar a Deus — no caminhar controlado pelo Espírito, em atos de piedade e no estudo diligente da palavra de Deus. E você tem o privilégio de orar para que ele faça exatamente isso!

Ore para que o seu marido seja fortalecido por Deus (Cl 1.11). É provável que você já esteja familiarizada com a poderosa declaração de Paulo: *Posso todas as coisas naquele que me fortalece* (Fp 4.13). Paulo, de modo semelhante, colocou a força de Deus como alvo das atenções na oração em Colossenses 1.11, para que os cristãos fossem *fortalecidos com todo o vigor, segundo o poder da sua glória.*

Sigamos pelo caminho da oração de Paulo: Em oração, você, querida esposa que ora, pede que Cristo, com seu poder, capacite o seu marido a ser um homem de Deus. Você pede que Deus derrame sua força sobre o seu marido para que ame você e seus filhos, e lidere sua unidade familiar em meio às pressões e adversidades da vida diária. E você ora com fervor para que o seu marido seja fortalecido com todo o vigor *segundo o poder da sua glória*. Você pede para que o seu marido seja fortalecido com o glorioso poder de Deus, com a incrível força de Deus — a fim de que ele possa, *com alegria, ter toda perseverança e paciência*.

Refletindo sobre o glorioso poder e força de Deus, o comentarista bíblico devocional Matthew Henry escreveu:

> Ser fortalecido é ser munido com a graça de Deus para toda boa obra e fortificado por essa mesma graça contra o mal [más obras]: é ser capacitado para cumprir nosso dever e ainda manter nossa integridade.[4]

Eis a bênção máxima do glorioso poder de Deus: Quando o seu marido for fortalecido por esse poder, haverá apenas uma forma de explicar a vida e o caráter dele, que será Deus! E como não existirá nenhuma explicação humana para o procedimento do seu marido e o fruto em sua vida, o próprio Deus receberá toda a glória. Deus será glorificado, o que é o maior objetivo e propósito de todo cristão — *fazer tudo para a glória de Deus* (1Co 10.31).

O QUE MAIS VOCÊ PODE FAZER ALÉM DE ORAR?

1. *Decida crescer espiritualmente*. Essa é a decisão mais importante que você precisa tomar a cada dia. Tenha o Senhor em primeiro lugar no seu coração a cada dia, e ele lhe dará

---

[4] HENRY, Matthew. *Matthew Henry's commentary on the whole Bible, complete and unabridged in one volume*. Peabody, MA: Hendrickson Publishers, 2003, p. 2.330.

a sabedoria para ser o tipo de esposa que o seu marido precisa. Compreenda que o tempo que você gasta lendo e estudando a palavra de Deus e submetendo sua alma em devota oração são momentos santos de preparação não apenas para seu dia, suas responsabilidades e sua caminhada com Deus, mas para se preparar para ministrar ao seu marido, à sua família e aos outros. O impacto espiritual que você tem sobre o seu marido e seus filhos será diretamente proporcional ao tempo que você passa com Deus afastada dos outros em hora silenciosa de preparação diária.

2. *Aceite a vida que Deus lhe deu.* Toda mulher tem sonhos sobre até que ponto seu casamento será perfeito. Mas, infelizmente, a vida real nem sempre acaba sendo como desejamos. Talvez todos os seus sonhos estejam se realizando. Se esse for o caso, seja grata — extremamente grata! — e ore por crescimento e amadurecimento contínuos do seu marido. Ou talvez você esteja esperando que algo positivo aconteça ao seu marido e ao seu casamento. A vida costuma apresentar desvios, bloqueios e barreiras irremovíveis no caminho, mas, em vez de ter um surto de autocomiseração, sucumbir à ira ou desistir por falta de esperança, escolha sempre dar graças. Eu sei que isso é o oposto do que você está sentindo e pensando, mas é a prescrição de Deus para a manutenção de um comportamento semelhante ao de Cristo. A vontade de Deus é: *Sede gratos por todas as coisas, pois essa é a vontade de Deus em Cristo Jesus para convosco* (1Ts 5.18). *Todas as coisas* significa exatamente isso. Todas as coisas incluem até a maneira pela qual o seu marido responde ou não a Deus. Lembre-se, *sua* função é amar o seu esposo e orar para Deus mudar o coração dele. Fazer a mudança é função de *Deus* — no tempo e da maneira dele.

3. *Reconheça a suficiência de Deus.* Os problemas e desilusões são meios que Deus usa para dar oportunidades de você vivenciar a vontade dele, ainda que a vida não esteja correndo exatamente como você esperava. Deus está sempre trabalhando em você; então, não permita que tristeza e arrependimento a deprimam. Recuse-se a sucumbir ou desistir. Em vez disso, reconheça a promessa de Deus: *A minha graça te é suficiente, pois o meu poder se aperfeiçoa na fraqueza* (2Co 12.9).

Estenda suas mãos e se agarre à graça de Deus. Permita que ele a tire da ansiedade e do desespero. Não olhe para seus problemas — olhe para o Deus todo-poderoso. Concentre-se *naquele que é poderoso para fazer bem todas as coisas, além do que pedimos ou pensamos* (Ef 3.20).

Uma bênção *que vem do* coração de Paulo

Efésios 3.20,21

Àquele que é poderoso para fazer bem todas as coisas, além do que pedimos ou pensamos, pelo poder que age em nós, a ele seja a glória na igreja e em Cristo Jesus, por todas as gerações, para todo o sempre. Amém.

CAPÍTULO DOIS

Orando pelo seu
casamento

Da mesma forma, maridos, vivei com elas a vida do lar, com entendimento, dando honra à mulher como parte mais frágil e herdeira convosco da graça da vida, para que as vossas orações não sejam impedidas.

1PEDRO 3.7

"**M**as o que aconteceu?!" Você e o seu marido já tiveram esse estalo no relacionamento? Vocês já experimentaram esse momento crítico quando se dão conta de que não são exatamente o mesmo casal que eram nos primeiros anos do casamento? E você fica se perguntando...

"O que aconteceu?" No passado, você e o seu então futuro marido eram os melhores amigos. Vocês mal podiam esperar para se casar e ficar juntos. Quando não estavam juntos, não paravam de ligar um para o outro. Vocês trocavam mensagens e se falavam pelo Skype cada minuto que tinham livre. Usavam todos os meios e métodos que pudessem elaborar para se comunicar um com o outro.

Tudo se concentrava no iminente dia do casamento. (Afinal de contas, não há marido ou esposa que se esqueça desse dia. Bem, talvez o marido se esqueça da data, mas, com certeza, não do evento!) Caso seu casamento tenha sido como o meu, foi uma cerimônia um pouco tradicional, precedida de meses e meses de planejamento detalhado para essa celebração tão breve em que proferiram seus votos um ao outro, jurando amar e honrar um ao outro até que a morte os separe.

Todos os votos e promessas que vocês fizeram um ao outro tinham um caráter vinculativo e foram feitos na presença de Deus e de uma multidão de testemunhas. E o mais emocionante é que você e com certeza o seu marido tinham a intenção de cumprir cada palavra que os dois proferiram. Esses votos não foram declarações vãs. Eles foram ditos com sinceridade por corações repletos de amor e devoção. Ambos tinham a intenção genuína de cumprir cada promessa feita um ao outro.

Ainda assim, cedo ou tarde chega o dia em que você examina e se pergunta: "O que aconteceu?"

Bem, minha amiga, o que aconteceu foi a vida. As coisas nem sempre seguem o rumo que pensamos que seguirão quando "nos apaixonamos". A vida prossegue — com altos e baixos, lutas e vitórias, alegrias e tristezas, desilusões e fracassos. Muitos casamentos, incluindo o seu tanto quanto o meu, sofrem impactos ao longo do caminho.

Além disso, com o passar do tempo, tendemos a nos esquecer dos nossos votos de casamento e do que eles exigem de nós. É fácil pensar nos votos com relação às obrigações da outra pessoa, e não às nossas. Como resultado, se não tivermos cuidado, mais cedo ou mais tarde podemos começar a enxergar nosso casamento com relação a nós mesmas, nossos desejos e necessidades, e não do nosso companheiro.

Então, qual é a solução? Ao continuar a orar de modo engajado pela vida, pelos papéis e pelas responsabilidades do seu marido, você já sabe a esta altura que não pode mudar a atitude do seu marido com relação ao seu casamento. Mas você pode mudar a *sua* atitude. Há algumas coisas que você pode fazer como esposa para corrigir o foco do seu coração e da sua mente quanto ao seu casamento. A primeira coisa que você pode fazer de imediato — neste exato momento — é orar pelo seu marido. Você pode ser contundente e fiel ao pedir para Deus trabalhar no coração do seu marido e tratar as ações e atitudes dele com relação ao seu casamento. E é claro que você está orando de modo ativo para Deus fazer o mesmo no seu coração também!

Uma oração pelo seu casamento

Nos livros que Jim e eu escrevemos sobre o assunto do casamento, escrevo às esposas e destaco o que a palavra de Deus diz a elas. Nos livros dele, Jim assume o papel de escrever aos maridos e abordar o que a Bíblia diz a eles.

Contudo, como este livro é sobre as orações que você como esposa faz pelo seu marido, estou usando alguns textos bíblicos que se dirigem aos homens casados. Ao analisar a oração a seguir, tenha em mente que ela tem como intenção ajudá-la a orar por algo que você *sabe* que é a vontade de Deus para o seu esposo. Seu papel não é usar as passagens bíblicas para punir o seu marido e mostrar a ele tudo o que ele está deixando de fazer à luz daquele versículo. Não, seu papel é amar o seu parceiro, orar e apelar a Deus em favor dele. Depois confie que Deus fará a obra. Quando Deus trabalhar no coração do seu marido, é *mais que certo* que haverá mudança e transformação reais!

Vamos à nossa oração. Dedique um minuto para ler o versículo no topo da página de abertura deste capítulo. Depois prossiga com a leitura.

Minha oração *pelo meu* marido

1 Pedro 3.7

Querido Deus, ajuda _____ a perceber que somos herdeiros conjuntamente da graça da vida, parceiros espirituais equivalentes. Oro para que enquanto eu e _____ vivermos juntos, ele queira seguir teu plano, cuidar de mim e me honrar como esposa. E Senhor, por favor, ajuda-me a lembrar de elogiar _____ sempre e vivenciar meu papel como esposa e parceira dele na vida.

Ao começar a orar pelo seu marido e seu casamento, você estará pedindo em essência que Deus faça o seu marido se lembrar de cinco áreas de responsabilidade que ele deve assumir no relacionamento conjugal com você.

Você está orando pelo relacionamento físico entre você e o seu marido — Maridos, vivei com elas a vida do lar. Você está orando para que o seu marido a "honre" e seja "compreensivo" com você, mas isso não pode excluir a área física do seu casamento. Um relacionamento verdadeiro de casamento é muito mais que simplesmente compartilhar o mesmo endereço. O casamento é fundamentalmente um relacionamento físico: *Os dois serão uma só carne* (Ef 5.31). Essa oração é tanto sobre intimidade quanto sobre compreensão.

É claro que um parceiro cristão aprecia um relacionamento espiritual mais profundo, mas os dois — físico e espiritual — andam juntos (1Co 7.1-5). Você está pedindo para Deus dar a você um homem espiritual de verdade que cumprirá seus papéis de marido e a amará como Cristo amou a igreja (Ef 5.25).

Na sua oração para que o seu marido "viva com você a vida do lar", você está pedindo que Deus dê a ele o desejo de reservar tempo para estar em casa com você e os filhos. Essa é uma oração que muitas mulheres deveriam estar fazendo. Na verdade, em algum lugar li uma pesquisa que revelava que um casal normal gasta 37 minutos juntos por semana se comunicando de fato! (Não estou certa se creio nisso, mas talvez seja bom você fazer seu próprio registro do tempo. Você pode se surpreender com quanto a conclusão dessa pesquisa está próxima ao tempo real que você compartilha com seu marido em comunicação verdadeira!) Se essa pesquisa for verdadeira, não é de admirar que casamentos se desfaçam depois que os filhos crescem e saem de casa! O marido e a esposa ficam sozinhos — para viverem debaixo do mesmo teto como estranhos!

"Viver a vida do lar" com a esposa também sugere que o marido supra as necessidades físicas e materiais do lar. O fardo da provisão repousa sobre os ombros do homem (1Tm 5.8). Embora não seja errado que você, esposa, tenha um emprego ou uma carreira, sua primeira responsabilidade é amar e cuidar do seu marido, dos seus filhos e da sua casa (Tt 2.4,5).

Você está orando pelo relacionamento intelectual entre você e o seu marido — Deus diz aos maridos: *Vivei com elas* [a esposa] *a vida do lar com entendimento.* É provável que haja pelo menos mil e uma piadas por aí sobre o fracasso do marido para entender a esposa, sobre a queixa do homem de que *nunca* entenderá a mulher e sobre a esposa tentando, em vão, fazer o esposo entendê-la. Ainda assim, Deus ordena que o marido viva com a esposa com entendimento — compreendendo que...

- ela deve ser honrada como e porque é sua esposa,
- ela é o vaso fisicamente mais frágil dos dois e
- ela é herdeira junto com ele da graça da vida.

Você e o seu marido também precisam entender que não são as mesmas pessoas ou o mesmo casal que eram quando se casaram. Vocês mudaram. Ambos passaram por uma porção de estágios e mudanças durante esse tempo juntos. Seus gostos e objeções mudaram. Novos interesses e habilidades surgiram. Talvez filhos tenham sido acrescentados à mistura. Cada um de vocês foi forçado a se adaptar de maneiras que nunca imaginou.

Aqui vai um exemplo simples. Quando Jim e eu nos casamos, eu odiava comida apimentada. Pimenta e cebola eram substâncias estranhas à minha cozinha. Porém, hoje, depois de viver no sul da Califórnia, com seus sabores mexicanos apimentados na comida local, e viver como missionária em Singapura, onde colocam molho de pimenta em cada prato de comida, eu cubro quase tudo o que como com pimenta-do-reino e besunto com molho de pimenta. (Mas ainda me sinto mal com o cheiro e o sabor de picles com endro que o Jim compra na maior embalagem disponível no mercado!)

Estou certa de que você e o seu marido também desenvolveram gostos, hábitos e interesses diferentes ao longo dos anos. Vocês foram forçados a aprender novas maneiras de viver em razão das dificuldades físicas, questões de saúde, formação da unidade familiar, exigências do trabalho, contratempos financeiros... e assim por diante.

O segredo para seu relacionamento como casal é separar e dedicar tempo para que um se atualize quanto às mudanças do outro. É triste imaginar que duas pessoas casadas possam viver juntas e não conhecer realmente uma à outra, mas isso acontece o tempo todo. A falta de conhecimento das mudanças e a distância são perigosas em qualquer relacionamento, mas especialmente no casamento.

Então você precisa orar! Ore para que o seu marido seja sensível aos seus fardos, desafios, sentimentos, temores, esperanças e sonhos — e ore para você também fazer o mesmo. Ore para que Deus o ajude a ouvir com o coração e compartilhe de uma comunicação significativa com você. Ore para que seu lar tenha uma atmosfera de transparência, amor e submissão a fim de que, mesmo nos momentos em que vocês dois discordarem sobre algo, ainda estejam felizes juntos.

Agora é necessário que eu vire esta moeda por um instante e olhe o outro lado, o lado da esposa, seus papéis e responsabilidades. Tive que aprender — e decidir — a não ser resmungona. É fácil resmungar e reclamar, confrontar ou atacar verbalmente o seu marido por ser insensível e ignorante quanto a suas "necessidades". Quando eu e você nos sentimos e agimos dessa forma, precisamos cair de joelhos e orar — por nós mesmas! Ou a graça de Deus é suficiente para nossas provações, desafios e desilusões, ou não é. E Deus diz com clareza que é: *A minha graça te é suficiente* (2Co 12.9). Então ore — em primeiro lugar por você mesma e depois pelo seu marido.

Então, depois de ter orado, dê passos para melhorar sua comunicação com o seu esposo. Comece amontoando elogios sobre ele e sendo sua incentivadora número um. Seja aquele tipo de esposa — a que contribui de maneira positiva. Depois, como uma das minhas orientadoras me ensinou, se você tiver que compartilhar algo grave, o negativo vem sempre logo depois do positivo.

Ainda melhor, seja como a esposa excelente de Provérbios 31.26, que *abre sua boca com sabedoria, e o ensino da*

42 O PODER DA ORAÇÃO PELO CASAMENTO

benevolência está na sua língua. Esses são dois dos princípios da boa comunicação dados por Deus às esposas.

Você está orando pelo relacionamento emocional do seu marido com você — O texto bíblico que você está usando como oração prossegue dizendo: *dando honra à mulher.* Quando você e seu futuro marido namoravam, como ele agia? Espera-se que ele tenha sido sensível e atencioso, e você tenha sido doce e encantadora. Depois de ficarem noivos, é provável que ele tenha se tornado ainda mais cortês, sempre um cavalheiro. Tudo o que você conseguia ver à frente era o céu azul, um mar de rosas e a felicidade do casamento. E, como tudo estava correndo tão bem assim, com certeza as coisas estavam prestes a ficar ainda melhores!

Mas é triste dizer que, com o tempo, muitas noivas se juntam ao crescente número de esposas cujo marido se esquece ou se descuida de ser gentil e cordial. Lamentavelmente, é fácil o marido não dar o devido valor à sua esposa. Ele se apega ao emprego que exige muito dele e à responsabilidade de sustentar você e os filhos que venham a ter. Ele esquece que a felicidade no lar é formada por muitas coisas pequenas, inclusive as pequenas delicadezas da vida.

E assim você ora! Ao orar, faça-o para que o seu marido se lembre de dar honra a você, respeitando seus sentimentos, pensamentos e desejos. E lembre-se que você não está orando para o seu marido sempre concordar com suas ideias ou para ele ser o tipo de pessoa que sempre diz sim para tudo. Você está orando para que ele deixe as preocupações e os males dele de lado e preste mais atenção em você e no seu casamento, respeite você e aos seus pontos de vista e opiniões.

Você também está orando para que o seu marido reconheça que o intuito de vocês dois deve ser formar uma equipe, que ambos enxerguem a sabedoria de Eclesiastes 4.9-12 vivenciada no seu casamento:

ORANDO PELO SEU CASAMENTO **43**

Melhor é serem dois do que um, porque têm melhor recompensa do seu trabalho. Pois, se um cair, o outro levantará seu companheiro. Mas pobre do que estiver só e cair, pois não haverá outro que o levante. Também, se dois dormirem juntos, ficarão aquecidos; mas como um só poderá aquecer-se? Um homem sozinho pode ser vencido, mas dois conseguem defender-se.

E não se esqueça de orar para cumprir seu papel como esposa. Ore para você levar seu papel como "ajudadora" do seu marido a sério e para ele a ver como ajudadora dele (Gn 2.18).

Você está orando pelo relacionamento espiritual do seu marido com você — herdeira convosco da graça da vida e para que as orações [dele] *não sejam impedidas.* Se você e o seu esposo são cristãos, vocês são "herdeiros conjuntamente". Vocês dois são *coerdeiros de Cristo* (Rm 8.17). Isso significa que são iguais em seus papéis como cristãos: vocês se submetem um ao outro como coerdeiros. Só não se esqueça que no seu casamento você deve demonstrar submissão, e o seu marido deve mostrar amor e consideração por você, enquanto os dois se submetem a Cristo e o seguem juntos.

Você está orando pelo relacionamento sacerdotal do seu marido com você — para que as orações [dele] *não sejam impedidas.* Na Bíblia e na história, o marido era considerado o "sacerdote" da família. Sua função era orar por e com a esposa e os filhos. Jó, no Antigo Testamento, é um exemplo bíblico poderoso desse papel sacerdotal. Jó 1.5 nos conta que Jó, como sacerdote da sua família, consagrava ofertas queimadas a Deus "regularmente" conforme o número dos seus filhos, apenas para o caso de algum deles ter pecado.

Espere aí, esse é um pedido de oração grandioso! Se o seu marido não for convertido, você deve continuar a orar pela salvação dele. E, se seu marido for apenas um crente nominal, a ponto de você não ter certeza se ele é convertido, ore! E, se você tiver um marido que é totalmente devoto a Deus e está a todo vapor por Jesus, agradeça e louve a Deus enquanto estiver orando para ele continuar trabalhando na vida do seu marido. Ore para que nada atrapalhe o seu marido no papel de sacerdote da sua família.

Para que as vossas orações não sejam impedidas também pode se referir às suas orações como casal. Pedro presume que você e o seu marido oram juntos. O ato de orar juntos tem um impacto poderoso no casamento e pode ajudá-los a contornar muitos dos problemas usuais que prejudicam o relacionamento conjugal. Aqui vai uma reflexão: Se os incré-dulos podem ter um lar e casamento felizes *sem oração* (por-que muitos têm), quanto mais felizes um casamento e um lar cristãos poderiam ser *com oração?*

E assim você ora! De acordo com 1Pedro 3.7, se algo esti-ver errado no relacionamento matrimonial, as orações do casal serão interrompidas. Isso seria grave se acontecesse, pois você e sua família estão em uma guerra espiritual con-tra Satanás e o mundo. É vital que suas orações não sejam impedidas por qualquer pecado em suas vidas. Se algo estiver errado, trate com rapidez — e rigor!

O QUE MAIS VOCÊ PODE FAZER ALÉM DE ORAR?

Já ouvi Jim, meu pai e meus três irmãos dizerem que, quando um time começa a perder vários jogos, o treinador faz o time voltar à mecânica básica de como eles começaram a tempo-rada. A razão para estarem perdendo é que, em algum ponto ao longo do caminho, o time perdeu de vista os fundamentos da sua modalidade esportiva.

Quando eu tinha meus 20 e poucos anos, tentei aprender a jogar golfe várias vezes, mas nunca fui boa nisso. Mas cos-tumo conversar com jogadores de golfe de verdade — dos bons — que dizem que sempre que começam a jogar mal, eles voltam aos fundamentos do jogo. Em algum ponto ao longo do caminho, o *swing* ou a tacada ficaram diferentes da forma como foram treinados.

É possível que aconteça da mesma forma no casamento. Voltar àqueles primeiros dias no relacionamento com o seu marido pode ser tudo o que vocês precisam para resolver qualquer problema que possam estar passando. Vocês começaram como amigos, tornaram-se melhores amigos, então finalmente se comprometeram a ser melhores amigos para sempre! Então, o que mais você pode fazer além de orar para renovar com o seu marido o *status* de melhores amigos para sempre?

Ao responder a essa pergunta, é óbvio que algumas das sugestões a seguir não sejam possíveis caso o seu marido não seja salvo ou ele seja um crente apenas nominal.

Mas, independentemente do fato de o seu marido ser ou não convertido, você continuará orando por ele. Essa é a tarefa que Deus deu a você. Você também pode orar para prestar mais atenção nas suas próprias ações e atitudes. E você pode orar para se certificar de que está seguindo as quatro diretrizes de Deus para todas as mulheres casadas — auxiliar, seguir, mostrar respeito e amar o marido.[1]

Orem juntos. Sugira ao seu marido que vocês dois comecem por algo pequeno, como orações rápidas, juntos. Neste momento, Jim e eu mantemos uma pequena lista de pessoas que precisam de oração hoje. Também temos uma lista permanente de entes queridos e pessoas com quem convivemos todos os dias. Talvez vocês possam começar dessa forma simples e ver o que acontece. Mas, independentemente do que fizer, não pressione... não resmungue... nem tenha

---

[1] Gênesis 2.18; Efésios 5.22,23; Tito 2.4.

expectativas. E, se isso acontecer, agarre-se ao pescoço do seu marido e diga: "Obrigada"!

Trabalhem nos interesses em comum. Quando estavam namorando, havia muitas coisas que vocês gostavam de fazer juntos. Mas com o casamento, a menos que os dois trabalhem nisso, podem se afastar com muita facilidade. Ele tem o trabalho, os amigos, interesses e passatempos dele. Você tem os filhos, amigos da vizinhança, amigas, família e talvez um emprego assim como ele. A primeira coisa que você vai pensar é que você e seu querido não têm nada em comum, especialmente depois que seus filhos saírem de casa. Bem, está na hora de se empenhar para começar a pensar em interesses que vocês têm em comum — coisas que possam fazer juntos.

Desenvolvam objetivos como casal. Uma excelente forma de reaproximar-se do seu maridinho é ter objetivos. Eles darão um propósito comum para ambos. Estabelecer objetivos faz que vocês pensem sobre os dois como casal e sobre o futuro ao qual gostariam de se dedicar — juntos. Vocês podem conversar e planejar tudo, desde as próximas férias até as bodas de casamento, ou mudanças que gostariam de fazer no seu estilo de vida. Os objetivos são algo positivo em que vocês podem trabalhar juntos e celebrar quando forem alcançados.

Dediquem tempo só para os dois. Quando nosso casamento atingiu a marca dos dez anos, Jim e eu participamos de uma conferência sobre casamento. Uma das sugestões dadas foi que cada casal saísse para namorar uma vez por semana. Bem, você pode imaginar todas as desculpas que tanto homens quanto mulheres começaram a manifestar. Era falta de dinheiro, falta de tempo, falta de alguém com quem deixar as crianças... a lista não tinha fim.

Nós estávamos ali com as mesmas desculpas — e mais! Pensei: "Bem, se precisamos conversar, podemos fazê-lo na privacidade da nossa própria casa, não é mesmo?" Mas a casa não é um bom lugar para ter conversas sérias e íntimas sobre questões importantes. Para resumir a história, olhamos nossas agendas e localizamos o melhor momento a cada semana, esforçamo-nos para encontrar uma babá e descobrimos uma lanchonete perto de casa que oferecia refil de café ou refrigerante sem fim. Ficamos impressionados com quanto uma noite de "namoro" poderia ser produtiva e gratificante!

Padeçam o sofrimento juntos. Isso é algo que você não desejaria para ninguém, especialmente para você mesma. Mas as provações e os sofrimentos fazem parte da vida de todos. O ato de partilhar as mágoas tem um modo de dar fruto que não pode ser produzido em nenhum outro solo. Sempre que os dois passam por algum momento de sofrimento físico ou emocional, vocês se aproximam por meio dessa experiência. Um benefício das provações é experimentar juntos a força e o conforto que vêm do próprio Deus. Essa foi a mensagem de Paulo em 2Coríntios 1.3-5:

> *Bendito seja o Deus e Pai de nosso Senhor Jesus Cristo, Pai das misericórdias e Deus de toda a consolação, que nos consola em toda a nossa tribulação, para que também sejamos capazes de consolar os que passam por alguma tribulação, por meio da consolação com que nós mesmos somos consolados por Deus. Pois, assim como os sofrimentos de Cristo transbordam sobre nós, assim também a nossa consolação transborda por meio de Cristo.*

Cresçam juntos. Não é nada divertido crescer (intelectual e espiritualmente) e não ter seu cônjuge crescendo ao seu lado. Cedo ou tarde, um dos dois ficará para trás e não haverá muito sobre o que conversar e desfrutar como casal. Isso não significa que vocês devem estudar, ler ou se envolver nas mesmas áreas ou interesses — ou torcer para o mesmo time. Mas significa que você sempre tem algo para compartilhar com ele e ele tem algo para compartilhar com você. Sempre que vocês se juntam ao final do dia e têm algo sobre o que conversar — "O que você leu hoje? O que você aprendeu? O que você realizou?" —, ocorre uma faísca. Isso é especialmente importante na área espiritual da vida conforme cada um cresce em separado e ajusta esse crescimento compartilhando interesses espirituais mútuos e considerando um ao outro para *estimular* [...] *ao amor e às boas obras* (Hb 10.24).

Divirtam-se juntos. Agora eu tenho que me dedurar! Por *anos* passei o domingo planejando a semana que estava por vir. Eu tinha nossas vidas classificadas em sete categorias que eu planejava com apuro a cada semana: espiritual, físico, financeiro, mental, pessoal, familiar e doméstico. Com fidelidade, eu listava as coisas a fazer e projetos em que trabalhar para cada categoria. Dessa forma, eu fazia as coisas urgentes e dava andamento nas que estavam mais para a frente. Num domingo à tarde, enquanto eu trabalhava no meu plano geral para a semana seguinte, Jim se inclinou com uma caneta na mão e disse: "Eu gostaria de acrescentar uma categoria nesta lista". Então, ele escreveu a palavra "diversão".

Você se lembra do quanto você e o seu marido se divertiam enquanto estavam namorando e nos primeiros anos de casamento? Então, algum tempo depois, você começou a se perguntar: "Quando foi que a vida ficou tão séria?" Bem, isso foi o que aconteceu comigo e Jim. E o epílogo da nossa história é que começamos a planejar juntos um pouco de diversão!

Fale no plural. Já conversou com alguma mulher que, pela forma de falar, não consegue dizer se ela é casada ou solteira? Claro, ela tem uma aliança no dedo, mas, ao falar, ela sempre diz "minha filha", "minha casa", "minhas últimas férias". Sempre me pergunto: "Espere aí, você não faz parte de um casal?"

Uma das minhas orientadoras me ensinou a falar no plural. Ela se casou pela primeira vez aos 47 anos de idade e, de imediato, passou de mulher independente e presidente de uma empresa a esposa. De modo incrível, seu linguajar mudou da noite para o dia conforme tudo em sua vida se tornou "nós". Por exemplo, quando alguém perguntava a ela: "Onde você mora?", sua resposta era: "Nós moramos em São Diego". Quanto mais tempo eu passava com ela, mais eu captava a mensagem do "nós"!

Você e o seu marido são um casal. Agora sua vida tem um parceiro. Agora vocês têm interesses em conjunto. Então, é "nossa casa", "nossa filha", "nossas férias". Junte-se a Josué e diga: *Eu e minha casa cultuaremos o SENHOR* (Js 24.15). Então apoie seu discurso com suas ações, adorando sempre juntos, orando juntos e servindo juntos, caminhando pela vida de braços dados, enfrentando e desfrutando dos desafios da vida — como se fossem um. É exatamente este o lugar onde você quer estar e o que você quer ser.

Palavra do coração *de* Deus *sobre o* casamento

Gênesis 2.24

*P*ortanto, o homem deixará seu pai
e sua mãe e se unirá à sua mulher, e eles
serão uma só carne.

CAPÍTULO TRÊS

Orando pelo seu marido como pai

Pastoreai o rebanho de Deus que
está entre vós, cuidando dele não por obrigação,
mas espontaneamente [...] nem como dominadores
dos que vos foram confiados, mas servindo
de exemplo ao rebanho.
1PEDRO 5.2,3

Estou certa de que você já sabe disto, mas permita-me falar bem alto de todo o meu coração: "Deus é maravilhoso!" Não importa para onde você olhe, é impossível não ver o maravilhoso trabalho das mãos do Criador. Não há dúvida de que a parte mais incrível da obra de suas mãos foi a criação do homem e da mulher. O que é admirável sobre esse feito é que Deus nos criou à sua imagem. Ele disse: *Façamos o homem à nossa imagem, conforme nossa semelhança* (Gn 1.26).

Assim como eu e você fomos "criadas" fisicamente por um pai terreno, num sentido espiritual Deus também é nosso Pai por meio da criação. Na verdade, muitas vezes a Bíblia se refe a Deus como "Pai". Jesus também se referiu a Deus *como nosso Pai que está no céu* (Mt 6.9). Isso torna o conceito de pai extremamente importante ao ser aplicado à família humana, e isso inclui sua família.

Ao chegarmos a mais um versículo para usar como base da oração pelo nosso marido — desta vez como pai dos nossos filhos —, nós temos muito a aprender com as Escrituras que retratam com precisão como Deus é um modelo desse papel, como Pai celestial. Podemos começar a captar um vislumbre do que Deus espera dos pais terrenos que são filhos dele, o que inclui o seu marido, se ou quando você tiver filhos.

A primeira coisa que me vem à mente quando penso no cuidado paternal de Deus por seus filhos é Salmo 23.1, que declara: *O Senhor é o meu pastor; nada me faltará.* Nesse único salmo — em apenas seis versículos — nosso Pai celestial faz doze promessas a nós, seus filhos. Com aproximadamente 100 palavras, Deus promete cuidar de nós, nos sustentar, dar descanso e paz, nos curar e guiar. Ele nos tranquiliza quanto à sua presença eterna 24 horas por dia, 7 dias por semana! E nos diz que encontraremos conforto, afeição, proteção e esperança nele. Sabe de uma coisa? Isso é tudo de que precisamos, e ele provê na sua totalidade!

Isso é o que Deus, o Pai, faz por nós — e o que ele demonstra como modelo para os pais terrenos fazerem por seus filhos.

TODO REBANHO PRECISA DE UM PASTOR

Vamos dar início examinando um versículo que descreve o ato e o modo de agir ao pastorear um rebanho. Depois veremos como isso pode então ser aplicado enquanto você ora pelo seu marido no papel de pastor e pai que Deus deu a ele.

Pastoreai o rebanho de Deus que está entre vós, cuidando dele não por obrigação, mas espontaneamente [...] nem como dominadores dos que vos foram confiados, mas servindo de exemplo ao rebanho. (1Pe 5.2,3)

Esses versículos instrutivos foram escritos pelo apóstolo Pedro, que com certeza sabia muito a respeito do assunto em pauta. Afinal de contas, ele foi um dos doze discípulos. Por três anos, assistiu e testemunhou pessoalmente Jesus pastoreando seus seguidores. E, depois que Jesus ressuscitou dos mortos, este apareceu aos discípulos e falou diretamente a Pedro. Qual foi a mensagem do Senhor para ele? Jesus disse a mesma coisa três vezes:

- *Cuida dos meus cordeiros* (Jo 21.15).
- *Pastoreia as minhas ovelhas* (v. 16).
- *Cuida das minhas ovelhas* (v. 17).

Antes de Jesus deixar a terra e ascender ao céu, ele repetiu três vezes sua mensagem a Pedro para se certificar de que entendia suas responsabilidades como pastor: Cuide do meu rebanho!

Aqui em nossa passagem sobre o papel de pai (1Pe 5.2,3), ao encerrar sua primeira carta, Pedro fez exatamente o que o Senhor havia feito. Pedro fez uma exortação final e passou adiante o que Jesus havia dito a ele: ele se dirigiu aos líderes da igreja com relação às suas responsabilidades como pastores daqueles que estavam na igreja. Observe esta lista de verificação para pastores, líderes — e pais!

O ministério do pastor — "Alimentar o rebanho". É nisso o que a palavra "pastor" implica. As tarefas do líder da igreja incluem alimentar, liderar, encorajar, orientar e guardar seu rebanho. O ministério do pastor é supervisionar o povo e ser seu líder.

Você, assim como o apóstolo Pedro, deve desejar que o seu marido se perceba nesse mesmo papel pastoral com o rebanho dele — seus filhos. E assim você ora!

Aqui está algo mais pelo que orar. Para poder "alimentar o rebanho", o seu marido precisa primeiramente ter algo a "oferecer como alimento" aos seus filhos. Então, tenha como prioridade orar para que o seu marido — o pai dos seus filhos — compreenda que ele precisa primeiro ter a palavra de Deus no coração a fim de poder passá-la adiante ao coração de seus filhos. Essa é a mensagem clara da ordem de Deus aos pais e mães em Deuteronômio 6.6,7:

> *E estas palavras, que hoje te ordeno, estarão no teu coração; e as ensinarás a teus filhos e delas falarás sentado em casa e andando pelo caminho, ao deitar-te e ao levantar-te.*

Com a palavra de Deus *no coração*, o seu marido então a *ensinará* aos seus filhos.

A motivação do pastor — ... *não por obrigação, mas espontaneamente.* Assim como acontecia com Pedro, o pastor deve servir ao Senhor com o coração disposto. Ele deveria cumprir seu papel porque ama a Cristo e ao rebanho, e não porque é seu serviço a fazer. Para você, ser mãe é uma soberana vocação. Você sabe no íntimo que seus filhos não são um "serviço" que Deus exige que você cumpra. Eles são sua carne e seu sangue, os filhos do seu coração. E essa mesma motivação deveria se aplicar ao seu marido.

E assim você ora! Ora para que o seu marido veja que ser pai dos filhos dele é a soberana vocação dele e que ele tome isso para si. Ora para que ele perceba que ser pai é a maior missão, alegria, propósito e recompensa. Ora para que ele não veja a paternidade simplesmente como mais um dever ou obrigação, mas como um privilégio dado a ele por Deus.

O jeito de ser do pastor — ... *nem como dominadores.* Você deve orar para que o seu marido aja como o líder da igreja que não seja um ditador, sendo sensível e discernindo o equilíbrio

ORANDO PELO SEU MARIDO COMO PAI **55**

correto entre amor e disciplina. Paulo falou desse equilíbrio quando emitiu este alerta e exortação aos pais: *E vós, pais, não provoqueis a ira dos vossos filhos, mas criai-os na disciplina e instrução do Senhor* (Ef 6.4).

Meu marido, Jim, em seu livro *A Dad After God's Own Heart* [Um pai segundo o coração de Deus], fala a respeito desse equilíbrio que o pai precisa ter:

- Seus filhos precisam de seu papel duplo de amor e disciplina.
- Amor sem disciplina é sentimentalismo.
- Disciplina sem amor é escravidão.
- O pai que serve a Deus mantém esses dois atos de amor e disciplina no equilíbrio adequado.[1]

Nisso reside mais um pedido de oração para você apresentar a Deus em favor do seu marido — então ore continuamente!

A administração do pastor — ... dos que vos foram confiados. O texto de Hebreus 13.17 nos fala que os líderes da igreja *hão de prestar contas.* Eles não devem levar sua posição de modo leviano. Por quê? Porque Deus os considera responsáveis pela forma segundo a qual lideram o rebanho. Se for como a maioria dos membros de igreja, você ora pela sua equipe pastoral com regularidade. E o mesmo deveria se aplicar à oração para que o seu esposo entenda e execute a mordomia dele com seus filhos.

Os líderes da igreja devem prestar contas ao povo, à sua diretoria, à sua denominação — e, acima de tudo, a Deus! E um dia o seu marido também prestará contas ao Senhor pelos

---

[1] GEORGE, Jim. *A Dad After God's Own Heart.* Eugene, OR: Harvest House, 2014, p. 96.

filhos que Deus confiou a ele para cuidar com diligência e os supervisionar como pai.

E assim você ora!

A responsabilidade do pastor — ... servindo de exemplo ao rebanho. Os líderes da igreja devem ser exemplos de responsabilidade. Afinal de contas, sabemos que a melhor forma de fazer que as pessoas o sigam é estabelecendo o passo por si mesmo. O pastor não tem que exigir respeito; muito pelo contrário, ele deve comandar pela vida piedosa que vive e por seu serviço sacrificial. E isso também se aplica aos pais.

E assim você ora! Em 1Timóteo 4.12 (ARC), o apóstolo Paulo deu a Timóteo, seu discípulo e filho na fé, seis maneiras de como deveria viver como exemplo positivo para aqueles que estavam na igreja dele. Paulo escreveu: *... Ser exemplo para os fiéis*

> *na palavra,*
> *no comportamento,*
> *no amor,*
> *no espírito,*
> *na fé e*
> *na pureza.*

E assim você ora! Na passagem de 1Timóteo 4.12, a palavra de Deus fornece uma lista de oração que você pode usar ao orar pelo caráter e pela conduta do seu marido em *todos* os papéis e relacionamentos dele — especialmente nos papéis mais importantes de todos, os que ele tem com seus filhos.

O SEU MARIDO COMO PASTOR

Você deve estar imaginando por que escolhi um versículo que fala de pastor de ovelhas e de como pastorear um rebanho para você usar em sua oração pelo seu esposo. Sei muito bem que muitas pessoas nunca viram uma ovelha, exceto talvez no zoológico. Também é muito raro ver um pastor de verdade arrebanhando e cuidando das ovelhas. Tive a maior surpresa da minha vida quando fui a uma entrevista para uma vaga de emprego numa cidadezinha nos arredores do Condado de Los Angeles. Depois de parar no portão para permitirem minha entrada na área do Instituto Brandeis, dirigi por uma longa estrada que levava para longe de qualquer sinal de vida da cidade. E lá, pela primeira vez, acabei testemunhando pessoalmente um pastor — com tudo a que tinha direito com seu cão pastor de verdade — conduzindo rebanhos de ovelhas! Bem, eu trabalhei nesse instituto judeu ao estilo *kibutz* em Simi Valley por mais de um ano. Era comum eu ter que parar quando estava entrando ou saindo, porque o pastor estava levando os rebanhos de ovelhas para o outro lado da estrada até um lugar com água e pastos verdes.

Sim, ainda existem ovelhas e pastores de ovelhas no nosso mundo moderno! Mas, ainda assim, a ideia do pastoreio é geralmente um conceito estranho para a maioria das pessoas, especialmente para as que vivem na cidade. Não é comum cruzar com muitos pastores e ovelhas na Times Square na cidade de Nova York ou na *Pershing Square* no centro de Los Angeles. Com certeza você também não verá muitos pastores conduzindo seus rebanhos no centro comercial de Chicago. Então, como e por que a ênfase e a analogia de um pastor de ovelhas nos ajuda a entender e orar pelo papel do nosso marido como pai?

Em primeiro lugar, o pastoreio de ovelhas faz parte da cultura bíblica. Um pastor de ovelhas realizava uma função vital para a população agrícola nos tempos bíblicos, por causa do predomínio de muitas ovelhas. Ainda hoje, os habitantes do

Oriente Médio continuam a fazer o que faziam há milhares de anos. Ver pastores e ovelhas é uma visão diária, uma forma de vida.

Mas ainda mais importante e impressionante é o fato de que Jesus forneceu o modelo perfeito a seguir do que faz um pastor e, por extensão, do que um pai deve fazer no cuidado com seus filhos. Em João 10.11, Jesus se referiu a si mesmo como "o bom pastor" e, ao longo do capítulo 10 de João, Jesus falou do que ele fazia como pastor. Essas atividades e o exemplo pessoal dado por ele fornecem muitos paralelos que podem ajudar os pais hoje, assim como pode ajudá-la ao orar pelo seu esposo como pai.

Minha oração pelo meu marido

1Pedro 5.2,3

*P*ai celestial, eu venho diante de ti agora para orar por _____, pai dos meus filhos. Oro para que _____ se veja como pastor do rebanho que tu colocaste na vida dele — os nossos filhos. Dá teu amor e sabedoria ao _____ à medida que ele guia nosso rebanho como pastor amoroso, não como um dominador sobre eles e não por obrigação, mas com disposição e alegria. Que _____ estabeleça um exemplo piedoso na nossa família.

O PAPEL DO SEU MARIDO COMO PASTOR

Espero que você esteja apreciando a bela imagem que as Escrituras esboçam tanto em João 10 quanto em 1Pedro 5 do que significa ser um bom pastor e o que um bom pastor faz por seu rebanho.

O pastor lidera o rebanho — Enquanto falava do papel do pastor, Jesus disse: *As ovelhas ouvem a sua voz, ele as chama pelo nome e as conduz para fora. Depois de conduzir para fora todas as ovelhas que lhe pertencem, vai adiante delas, e elas o seguem, pois conhecem a sua voz* (Jo 10.3,4). Não há dúvida de que esta descrição apresenta com clareza o pastor como sendo o líder do rebanho. E, assim como as ovelhas precisam de um líder, seus filhos precisam que o pai deles os lidere. Grande parte dos homens está envolvida em algum nível de liderança no trabalho. Um bom ponto de partida para suas orações é orar para que o seu marido enxergue que liderar a família dele é ainda mais importante do que ser um líder no serviço.

O pastor está disposto a suportar dificuldades pelas ovelhas — No Antigo Testamento, Jacó disse ao tio dele o que tinha suportado fisicamente para cuidar das ovelhas de Labão. *E assim eu andava; o calor me consumia de dia, e a geada, de noite; e o sono me fugia dos olhos* (Gn 31.40). O pai que segue a Deus suporta as dificuldades por seus filhos de modo deliberado. Em outro capítulo deste livro, menciono que numa época do nosso casamento Jim mantinha quatro empregos a fim de sustentar a mim e a nossas filhas. Ele não reclamava e, ao longo daquele tempo difícil, suportava a dificuldade com alegria. E eu sei que ele estaria disposto a fazer ainda mais caso fosse necessário para que nossa família — seu pequeno rebanho — ficasse segura e bem cuidada.

O pastor é responsável por proteger o rebanho — Talvez o menino Davi seja o pastor de ovelhas mais famoso do Antigo

Testamento. Mais tarde, Davi se tornou o segundo rei de Israel. Muitos de seus salmos foram escritos enquanto vigiava os rebanhos da família. Assim como a maioria dos pastores, Davi era extremamente protetor com o rebanho de que estava encarregado. Ele até relatou como *matou o leão e o urso* para com fidelidade executar sua tarefa de proteger as ovelhas do pai (1Sm 17.34-36).

Além de fornecer proteção contra os perigos de danos físicos para sua família, o pai também emprega vigilância atenta e proteção no reino espiritual. Ele salvaguarda o coração de seus filhos com bravura.

E assim você ora! Ora para que o seu esposo se veja como pastor e protetor espiritual dos filhos de vocês, assim como pastor e provedor físico.

O pastor sustenta o rebanho — O salmo mais famoso do Antigo Testamento é o Salmo 23. Essa passagem bem conhecida, popular e muito citada é frequentemente chamada de Salmo do pastor. Ela começa com estas conhecidas e reconfortantes palavras: O SENHOR é o meu pastor; nada me faltará (v. 1).

Deus é visto ao longo desse salmo como um pastor amoroso que sempre sustenta seu rebanho. Davi, o escritor, enxergava a provisão de Deus de um modo muito pessoal ao se referir a Deus como *meu pastor*. Felizmente, grande parte dos homens vê que sua primeira prioridade é sustentar sua família. É assim que deveria ser, conforme 1Timóteo 5.8, que afirma com muito vigor: *Mas, se alguém não cuida dos seus, especialmente dos de sua família, tem negado a fé e é pior que um descrente.*

O pastor conhece o rebanho — A figura do pastoreio pessoal de Davi teve continuidade no Novo Testamento até o maior pastor de todos, o Senhor Jesus Cristo. Jesus declarou: *Eu sou o bom pastor; conheço as minhas ovelhas, e elas me conhecem* (Jo 10.14). A ausência não aumenta a paixão.

Assim, você ora para que o seu marido se envolva na vida dos filhos dele. Você ora para que ele fique tão próximo deles a ponto de saber tudo sobre eles — esperanças, sonhos, medos e, acima de tudo, relacionamento deles com Deus. A presença física e conscientização pessoal do seu esposo serão as melhores maneiras pelas quais ele poderá influenciá-los. E, como bônus adicional, ao ficar com o rebanho, ele está sendo modelo do caráter de Deus como Pai celestial que cuida.

O pastor está disposto a se sacrificar pelo rebanho — Usando sua imaginação, tente visualizar Davi quando estava com cerca de 12 anos de idade e tinha uma espada em punho, lutando contra feras selvagens ao se colocar entre as ovelhas e os animais ferozes, completamente pronto e disposto a se sacrificar para proteger o rebanho.

Agora busque na memória o sacrifício máximo do bom Pastor, Jesus, ao declarar sua intenção: *Eu sou o bom pastor; o bom pastor dá a vida pelas ovelhas* (Jo 10.11). Jesus, o Sumo Pastor, entregou a vida por suas ovelhas de modo deliberado. Eu e você sabemos que cada marido estaria disposto, sem hesitação, a dar sua vida por seus filhos. Então, ao orar pelo seu incrível esposo, não se esqueça de agradecer a Deus pelo tipo de comprometimento que seu parceiro tem com você e seus filhos. Você tem um verdadeiro herói morando debaixo do mesmo teto que você! Então, sussurre uma oração para Deus ajudá-lo a estar disposto não somente a *morrer* pela família, mas que ele esteja disposto a se sacrificar para *viver* por e com seus filhos. Ore para que ele esteja disposto a sacrificar...

- o tempo dele para ter mais tempo com os filhos;
- os interesses dele pelos interesses dos filhos;
- a diversão dele para se divertir com os filhos;

62 O PODER DA ORAÇÃO PELO CASAMENTO

- o conforto dele pelo conforto dos filhos;
- as finanças dele pelo futuro dos filhos.[2]

Jacó, Davi, Pedro e mais especialmente Deus e Jesus nos mostram como é um bom pastor. Neles, vemos exemplos de como Deus deseja que o pai interaja com a família. O conceito de pastor de ovelhas tem milhares de anos, e ainda hoje continua ilustrando — com beleza e poder — o papel do seu esposo como pai.

O QUE VOCÊ PODE FAZER ALÉM DE ORAR?

A oração é preciosa e também é trabalho. Mas uma coisa que me dá prazer no tempo gasto em oração é que ele costuma ocorrer quando tudo está quieto! Pode acontecer cedo de manhã quando seu mundo está tranquilo e o sol ainda não nasceu. Ou pode acontecer mais tarde, depois que o seu marido e os seus filhos esvaziaram a casa e você ficou sozinha em um bendito sossego. Não estou dizendo que às vezes não choramos derramando nosso coração e aliviando todas as nossas tristezas, preocupações e tensões quando oramos. Afinal de contas, o que mais podemos fazer com elas? Mas geralmente a oração se passa no fluxo natural, normal do dia. É você e Deus: você adorando, e Deus ouvindo, enquanto você está em contato e fala sobre seu dia e sua vida — e o seu marido — com o Senhor.

Mas, cedo ou tarde, o tempo de oração termina e você precisa se levantar e enfrentar o dia e a realidade. Você já orou pelo seu esposo: ótimo! Agora, o que mais pode fazer além de orar por ele?

1. *Encoraje o seu marido no papel que ele tem como pai* — Use cada oportunidade que tiver para comunicar ao seu

[2] GEORGE, Jim. *A Dad After God's Own Heart*, p. 105.

cônjuge quanto você aprecia o envolvimento dele com as crianças. Pergunte se ele concorda que você organize algumas atividades e saídas em família. E pergunte se ele tem sugestões e ideias para esses momentos juntos. Um dos nossos preferidos era a festa do pijama em família usando sacos de dormir no meio da nossa sala de estar — com tudo a que tínhamos direito, com lanternas e uma porção de petiscos, é claro! Você também pode sugerir que vocês dois leiam juntos um livro sobre criação de filhos ou que participem de uma sala sobre esse assunto na igreja a fim de que ambos possam ser pais melhores.

2. *Converse com o seu marido sobre maneiras para cada um de vocês poder estar com as crianças* — Ajude-o a encontrar tempo para ficar com as crianças. Sugira que ele leve cada um dos filhos para sair sozinho com ele de vez em quando. Se ele tiver um trabalho que consuma muito tempo (e que marido não tem!), sugira que ele leve uma ou todas as crianças com ele quando sair de carro para resolver alguma coisa de casa. Pode ser que esses pequenos passeios sejam um dos poucos momentos que ele tenha para gastar de verdade com um ou todos os filhos durante a semana! Talvez (e eu sei que isso exige mais tempo e muita paciência) você possa sugerir que ele inclua as crianças quando for trabalhar no carro ou lavá-lo, cortar a grama, trabalhar no quintal ou na casa. Ele terá oportunidade de não apenas ensinar aos filhos enquanto trabalham juntos, mas também de desfrutar de conversas um a um.

3. *Auxilie o seu marido no papel de líder espiritual* — Como? Organize os preparativos para a hora de colocar as crianças na cama para que o papai tenha tempo de ficar com os filhos. Eles podem brincar de fazer cócegas, ler um livro e

talvez seja o momento ideal para que a família ore reunida ou, se der certo, ele pode orar com uma criança de cada vez durante o momento de aconchegar os pequenos ao fim do dia. O mesmo serve para a rotina da manhã. Se possível, ajuste a agenda para que a família possa ter momentos devocionais juntos. Seu comprometimento na preparação e no trabalho proativo, acordando a família e tendo-os à mesa, tendo o café da manhã pronto junto com uma Bíblia ou qualquer que seja o material que vocês estiverem usando para fazer o devocional, pode fazer esse sonho de um tempo devocional em família se tornar realidade! Você conhece a agenda da sua família. Para muitas famílias, o pai sai para trabalhar de madrugada e não pode se juntar à família para o café da manhã. Então, ore e descubra o que funcionaria para você e os seus. E, quando o seu marido não puder estar com vocês, você e as crianças podem orar pelo dia do papai e você pode assumir o lugar dele no momento devocional até ele voltar.

4. *Apoie o seu marido no papel de pai* — Da mesma forma que eu devo honrar e me submeter ao meu Pai celestial, Deus também ordena que eu honre e me submeta ao meu marido. Use cada oportunidade para permitir que os seus filhos a vejam ajudando, seguindo, respeitando e amando o seu marido. Demonstre a eles como devem fazer o mesmo com o pai deles. Na verdade, espere e exija que eles "honrem" o pai que têm (Êx 20.12; Ef 6.2).

Orar pelo seu marido sempre acaba voltando para você mesma, não é verdade? Você não pode orar para o seu marido possuir qualquer qualidade de caráter ou exibir algum tipo de comportamento piedoso que você mesma não esteja manifestando. E assim você ora! Ore por você mesma, minha querida irmã em Cristo. Depois disso, derrame essas orações pelo seu esposo e o papel que ele tem como pai.

Uma oração extra
do coração de Paulo

Efésios 6.4

Ajuda _____ a treinar e ensinar os nossos filhos na disciplina e admoestação do Senhor. Capacita-o a fazê-lo sem provocá-los à ira.

CAPÍTULO QUATRO

Orando por sabedoria
para o seu marido

*O coração do sábio instrui sua boca
e aumenta em seus lábios o conhecimento.*

PROVÉRBIOS 16.23

Se você pudesse orar por uma coisa além da salvação do seu marido, o que desejaria para ele acima de tudo? Essa mesma pergunta foi feita ao rei Salomão no Antigo Testamento e foi Deus quem a fez! Deus disse a Salomão: — *Pede o que queres que eu te dê.*
A resposta de Salomão? — *Dá-me sabedoria.*

"DÁ-ME SABEDORIA"

Salomão era filho do abastado e poderoso rei Davi de Israel. Quando Salomão se tornou rei de Israel, ele era relativamente jovem (1Rs 3.7) e até então vivera sob a enorme sombra do pai. Definitivamente, ele era inexperiente. A minha esperança é que você dedique algum tempo para ler a história completa de Salomão em 1Reis 1.1—11.43.

Nesse momento da vida de Salomão, é inteiramente possível que ele estivesse tremendo nas bases e cambaleante pelo

68 O PODER DA ORAÇÃO PELO CASAMENTO

peso de suas novas responsabilidades. Por alguma razão, Deus veio a Salomão à noite e incitou: *Pede o que queres que eu te dê* (2Cr 1.7). Assim como o restante da humanidade, Salomão poderia se sentir tentado a pedir a lua — riquezas, um exército vencedor, uma vida longa, muitas "coisas". Em vez disso, Salomão respondeu: *Dá-me agora sabedoria e conhecimento, para que eu possa conduzir este povo, pois quem poderá julgar este teu povo, que é tão grande?* (v. 10).

É óbvio que Deus se agradou do pedido de Salomão. Ele disse a Salomão:

> *Visto que é isso que tens no coração, e não pediste riquezas, bens ou honra, nem a morte dos inimigos, nem pediste longevidade, mas pediste sabedoria para ti e conhecimento para poder julgar o meu povo, sobre o qual te constituí rei, receberás sabedoria e conhecimento* (v. 11,12).

Então veio o bônus: ... *Também te darei riquezas, bens e honra, como nenhum rei teve antes de ti, nem rei algum terá depois de ti* (v. 12)!

Não é de admirar que Salomão tenha se tornado o homem mais sábio que já viveu (fora Jesus Cristo, é claro). Ele é proclamado como o homem que falou 3.000 provérbios (1Rs 4.32). Você pode ler os melhores de seus 3.000 ditados no livro de Provérbios. Ele era realmente brilhante: *Deus deu a Salomão sabedoria e muito entendimento* (1Rs 4.29).

O QUE É SABEDORIA?

Antes de abordarmos a oração por sabedoria em favor do seu marido, vamos aprender um pouco mais sobre sabedoria — o que é, por que precisamos dela e por que deveríamos desejá-la e orar para obtê-la.

Estou certa de que conhece este cenário: Você praticamente tem que tomar uma decisão por segundo o dia todo,

todo santo dia! Às vezes, você sente como se as demandas da vida estivessem bombardeando-a em todas as frentes. E cada assalto requer algo de você — uma palavra, uma resposta, um julgamento, uma ação, uma escolha, uma decisão. Você precisa decidir em que pensar e em que não pensar, o que dizer ou não dizer, perguntar ou deixar passar, agir ou esperar. Em resumo, você precisa da mesma coisa pela qual está orando para o seu marido — você precisa de sabedoria! Então, onde encontrá-la?

A sabedoria tem sua fonte em Deus — Tudo tem uma fonte. Ela começa em algum lugar... como minha família descobriu um dia enquanto atravessávamos de carro o estado de Montana. Durante um longo trecho de estrada, passamos sobre uma pequena ponte com uma placa que dizia: "Rio Missouri". "Como assim?!" — nós quatro nos levantamos em coro ao mesmo tempo. Estivemos em St. Louis e vimos a largura impressionante do rio Missouri logo antes de desaguar no gigantesco Mississippi. No entanto, esse rio em Montana era pequeno — um pouco maior que um riacho. Então, Jim voltou com o carro para se certificar de que não tínhamos nos enganado ao ler a placa. Efetivamente, aquele era o início do rio Missouri. Estávamos próximos à sua fonte.

Aqui vai algo a ponderar: Tudo tem uma fonte... exceto Deus. Deus é a fonte de todas as coisas. Você sabe que o céu e a terra têm sua fonte em Deus (Gn 1.1). Mas você sabia que a sabedoria também tem sua fonte em Deus? Deus é sabedoria (Ed 7.25), e sua sabedoria e conhecimento não derivam de ninguém (Jó 21.22). Toda verdadeira sabedoria tem sua fonte em Deus. Então, como alguém que precisa de sabedoria para todo e qualquer papel e responsabilidade, você pode recorrer a Deus e à sua Palavra para obter sabedoria.

Sabedoria é mais do que conhecimento — É provável que você já tenha conhecido algumas pessoas realmente inteligentes que a impressionaram quando você as viu pela primeira vez. Mas, com o tempo, ao conhecê-las melhor, você começou a perceber que havia muito pouca conexão entre o conhecimento delas e seu viver sábio. A capacidade de tomar boas decisões dessas pessoas não era tão grande. Elas tinham falta de sabedoria.

Em contraste a isso, há muitas pessoas que receberam pouca ou nenhuma educação formal, mas que possuem grande sabedoria e tomam boas decisões. O uso da sabedoria apresentada na palavra de Deus não exige nenhum ensino formal. É simplesmente a aplicação adequada do conhecimento. É a capacidade de pensar com clareza e tomar boas decisões — mesmo em meio a situações difíceis e emergências.

Como a maior parte das pessoas, você talvez pense que seria útil ter mais desse tipo de sabedoria. Bem, eu tenho uma boa notícia para você: Deus lhe oferece essa sabedoria de graça! Prossiga com a leitura.

A sabedoria está disponível — Você está experimentando algum problema ou provação na sua vida? Você está em uma encruzilhada na sua carreira? Seria útil receber alguma direção no relacionamento com o seu marido, um membro da família, um amigo ou companheiro de trabalho? Você está tendo dificuldade com algumas questões como esposa e mãe? Então, precisa de sabedoria — sabedoria de Deus — e não é necessário esperar nem mais um minuto. Deus prometeu sabedoria a você. Ele diz em Tiago 1.5:

- Seu problema: *Se algum de vós tem falta de sabedoria.*
- Instrução de Deus: *peça a Deus.*
- Encorajamento: *que a concede livremente a todos sem criticar.*
- Promessa de Deus: *e lhe será dada.*

Minha amiga em oração, seja qual for a questão ou problema que você esteja enfrentando, você não precisa discutir, ponderar, fazer listas de possíveis resultados positivos e negativos. Você não tem que lutar contra os seus pontos de vista e pensamentos por dias ou semanas a fio. Você não é obrigada a agonizar ou ficar tateando no escuro, esperando esbarrar em respostas por meio de tentativas e erros. Sempre que necessitar de sabedoria, é preciso apenas que você ore e peça a Deus... e ele responderá: *lhe será dada!*

A sabedoria é dada de modo gratuito — Você e o seu marido já tiveram que pedir um empréstimo? Provavelmente, o agente de empréstimos gastou muito tempo com formulário. Ele deve ter usado de tanta precaução que você começou a pensar que ele estava emprestando do dinheiro dele mesmo! Pode ser uma agonia e até um embaraço ter que fazer tal solicitação, já que os gastos e despesas habituais são revelados, a classificação de crédito é conferida e todos os fatos incômodos são expostos. Se você for como eu, é provável que tenha saído esperando nunca ter de passar por *essa* experiência novamente!

A resposta de Deus à sua solicitação por sabedoria é exatamente o oposto. Ele *concede livremente a todos.* Ele não distribui simplesmente "um pouco aqui, um pouco ali, um pouquinho acolá". Ele não faz você esperar na fila para receber. E ele não dá com relutância. Não, *concede a todos* que pedem. Ainda mais, ele dá sua sabedoria *livremente* — de modo gratuito, generoso e incondicionalmente.

Deus também não dá um sermão toda vez que você vem pedir: "O Senhor poderia me dar mais sabedoria, por favor?" Não, cada vez que você pede, ele dá sabedoria *sem criticar.* Com esse tipo de promessa e esse tipo de liberdade, como é que você não está batendo à porta de Deus com regularidade?

72   O PODER DA ORAÇÃO PELO CASAMENTO

A sabedoria vem de maneiras variadas — Embora o rio Missouri tenha uma fonte, ele também tem muitos afluentes que acrescentam volume e poder a seu fluxo em direção ao destino, o gigantesco rio Mississipi. Que "afluentes de sabedoria" Deus usa para alimentar a sua vida para fortalecê-la e amadurecê-la, para torná-la sábia? Aqui vão três "afluentes" para você começar.

1. *Sua caminhada com Deus.* A sabedoria vem ao desenvolver a consciência da presença de Deus, ao caminhar com o Senhor e segui-lo diariamente, ao cultivar uma atitude mais consciente e adoradora com relação a ele. O alicerce da sabedoria é o *temor* [...] do SENHOR (Pv 1.7). Ao honrar e respeitar a Deus, viver em temor ao seu poder e obedecer à sua Palavra, a sabedoria dele se torna a sua sabedoria. Ela é sua conforme você caminha com ele e ele se torna a influência controladora da sua vida.

- *Uma pérola de sabedoria para você:* Ir à igreja e adorar a Deus faz sua semana começar com o foco certo e uma dose da sabedoria dele.

2. *Seu tempo na palavra de Deus.* A palavra de Deus pode torná-la sábia — mais sábia do que seus inimigos, seus professores e até algumas pessoas mais velhas que você. Como é possível alcançar essa sabedoria? É simples: conheça a palavra de Deus e obedeça a ela (Sl 119.98-100).

- *Uma pérola de sabedoria para você:* Realizar o devocional com o seu marido ajuda ambos a se interessarem pela Bíblia e crescerem. Escavar a palavra de Deus todos os dias fará a Bíblia entrar em você.

3. *Contribuição de outras pessoas a você.* Você pode ganhar sabedoria buscando conselhos daqueles que a possuem. Esse é um poderoso motivo para você orar por sabedoria em favor do seu marido. Ter um marido que é cheio de sabedoria e é prático quando a vida fica complicada seria um recurso incrível! Você também pode ler conselhos sábios e piedosos de outros por meio de livros cristãos, estudos bíblicos, *blogs* e boletins informativos. Buscar a sabedoria de outros ajudará você a amadurecer. Então, como Provérbios 4.5 diz: *Adquira a sabedoria!*

- *Uma pérola de sabedoria para você:* Ore por mentores tanto para você quanto para o seu esposo. Peça para Deus mostrar quem poderia estar disponível para ajudá-la. Busque na internet livros que possam ajudá-la a avançar em sabedoria. É óbvio que a fonte de sabedoria mais verdadeira, pura e confiável é a palavra de Deus, a Bíblia.

UMA MULHER DE SABEDORIA SURPREENDENTE

Se já leu algum dos meus livros, você sabe quanto amo estudar as mulheres da Bíblia. Bem, eu gostaria de apresentar uma mulher que nos mostra a beleza — e os benefícios — da sabedoria. Em contraste com o rei Salomão, ela não estava em posição de liderança e não tinha um título de prestígio. Não, ela era esposa e gerente do lar. Mas ela possuía uma grande dose de sabedoria — sabedoria que, além de melhorar sua vida dura e amarga, salvou sua própria vida e a de muitos outros! Seu nome era Abigail, e sua história é narrada em 1Samuel 25.1-42.

Abigail era casada com um tirano alcoólatra chamado Nabal (que significa "tolo"). Nós só podemos imaginar o calvário que Abigail enfrentava todos os dias. Contudo, ela é aplaudida como mulher de sabedoria. Seu ato de sabedoria mais surpreendente foi evitar um massacre entre seu marido insensato e o guerreiro Davi e os 400 homens dele que queriam vingança. Abigail sabia quando agir... e agiu. Ela sabia o que fazer... e fez. E sabia o que dizer... e disse.

Quais são algumas das marcas da sabedoria de Abigail? Ela...

- ... percebeu a situação geral,
- ... manteve a compostura,
- ... formulou um plano,
- ... falou com sabedoria e
- ... influenciou outros de modo eficaz.

A vida de Abigail nos ensina que todo desafio ou responsabilidade que se apresentar diante de nós pode ser mais bem cuidado e levar a um melhor resultado quando tratado com a sabedoria de Deus.

ORAÇÃO POR SABEDORIA

Ao chegarmos à próxima oração pelo nosso marido, observe que ela foi escrita por Salomão, que estava passando adiante a sabedoria que recebera de Deus. Leia agora este versículo para obter maior compreensão do que a sabedoria fará pelo seu esposo — e por você.

O coração do sábio instrui sua boca e aumenta em seus lábios o conhecimento (Pv 16.23).

A sabedoria procede do coração — O coração do sábio instrui sua boca. O coração é a morada da emoção humana. Isso significa que, em última instância, toda palavra que você profere e toda ação que você realiza vêm do coração. Quando ora para que você e o seu marido cresçam em sabedoria, você está orando pelo coração de vocês — que o coração de ambos esteja aberto à direção do Espírito Santo, que seja cheio de sabedoria e que "ensine" sabedoria à boca.

Volte a sua mente para os melhores professores que você teve na escola. Eles faziam da sala de aula um lugar divertido e você mal podia esperar para ouvir qual era a nova informação que eles compartilhariam. É por isso que você está orando por ambos como casal. Ore para que, quando o seu esposo abrir a boca, pessoas sejam instruídas pela sabedoria dele e fiquem empolgadas e desejosas de responder a isso.

A sabedoria proporciona discernimento — O coração do sábio instrui sua boca. Uma pessoa sábia está sempre ouvindo, avaliando e processando o que vê e ouve. Ela analisa tudo mental e emocionalmente e é capaz de chegar ao âmago da questão — discernir seu significado. Sua sabedoria resulta em bom senso.

Que esposa não desejaria essa habilidade para si — e para o marido? Imagine só: você poderia ir até ele com qualquer questão que estivesse enfrentando e os dois juntos poderiam resolvê-la. Com sabedoria, ele poderia chegar a soluções sábias que honram a Deus. E, sendo uma mulher de sabedoria, você seria capaz de oferecer contribuição conforme você e o seu marido trabalham como uma equipe.

A sabedoria produz discrição — ... e aumenta em seus lábios o conhecimento. Essas palavras poderiam ser traduzidas desta forma: "faz que a sua boca seja prudente". Uma pessoa sábia é cuidadosa com o que fala e como fala. Você está orando para que as suas próprias palavras e as do seu esposo sejam ditas com cuidado a fim de ajudar — não ferir. A passagem de Efésios 4.29 adverte: *Não saia da vossa boca nenhuma palavra que cause destruição, mas só a que seja boa para a necessária edificação, a fim de que transmita graça aos que a ouvem.*

ORANDO POR SABEDORIA EM FAVOR DO SEU MARIDO

Tome um minuto para ler Provérbios 16.23, que revela que a sabedoria é a resposta para qualquer problema que você tenha com o seu marido e qualquer adversidade que ele tenha com outras pessoas, tanto agora como no futuro.

Minha oração *pelo meu* marido

Provérbios 16.23

Pai de toda sabedoria, eu oro para que _____ cresça em sabedoria e se torne um homem marcado por grande prudência e bom senso, que ensina sua mente, sua boca e seu corpo a falar e agir com cuidado e sensibilidade. Move o coração do _____ para que ele "adquira sabedoria". Por favor, ó Senhor, dá sabedoria para ele guiar a nossa família em casa e ajudar as pessoas no lugar onde ele trabalha.

Seja específica ao pedir a Deus que dê sabedoria ao seu esposo:

- Ore pelo *"temor do* SENHOR*"*. O livro de Provérbios diz que *O temor do* SENHOR *é o princípio da sabedoria; e o conhecimento do Santo é o entendimento* (9.10). E assim você ora! Ora primeiro e primordialmente para que o seu marido

ORANDO POR SABEDORIA PARA O SEU MARIDO **77**

tenha um temor reverente a Deus. Esse respeito por Deus o moverá a se submeter à sabedoria de Deus na Bíblia.

■ Ore também para que o seu esposo *ande no Espírito* (Gl 5.16). O *temor do* SENHOR o levará a ser sensível à direção do Espírito. Essa sensibilidade e reverência levarão o seu marido a imitar a sabedoria de Deus na interação dele com a família, os amigos, colegas de trabalho e as pessoas da igreja e da comunidade.

■ *Ore para que o seu marido deseje a sabedoria.* Você já deve ter ouvido muitas vezes: "Você pode levar um cavalo até a água, mas não pode obrigá-lo a beber". É por isso que você ora com fervor para que o seu esposo deseje a sabedoria acima de todas as outras coisas. A sabedoria está ali. Ela está disponível. Mas ele precisa *desejá-la*, da mesma forma que o rei Salomão desejou. Ele pediu sabedoria, um *coração compreensivo* (1Rs 3.9).

A sabedoria é uma característica muito desejável de se possuir. É como Salomão disse em outro de seus ditados de sabedoria: *Feliz é quem encontra sabedoria, e quem adquire entendimento; pois o lucro da sabedoria é melhor que o da prata; sua renda é melhor do que o ouro* (Pv 3.13,14). Outro provérbio resume: É bem melhor adquirir sabedoria do que ouro! (Pv 16.16).

Sim, a sabedoria chama a todos que por ela passam, mas o seu marido precisa responder ao chamado. Para descobrir o tesouro da sabedoria, ele deve seguir o mapa do tesouro de Deus, a Bíblia: *Pois o* SENHOR *dá a sabedoria; o conhecimento e o entendimento procedem da sua boca* (Pv 2.6).

■ *Ore por um coração receptivo à sabedoria.* Estou certa de que você quer ser uma mulher de sabedoria que é sábia o suficiente para ser porta-voz do seu marido. E você quer ser uma parceira conjugal sábia que tem uma perspectiva bíblica sólida sobre qualquer problema ou desafio com os quais ele esteja lidando. Por isso você precisa orar por sabedoria para você mesma. Mas tão importante quanto, é a necessidade de orar para que o seu cônjuge seja receptivo a aconselhamento e conselhos de cristãos maduros. Incentive-o a escolher um homem com quem ele possa contar na igreja, a quem ele possa recorrer para obter sabedoria sempre que houver alguma questão. A sabedoria é contagiosa. Um orientador espiritual pode instruir o seu esposo nos caminhos de Deus, pode ensinar-lhe princípios bíblicos para tomar decisões sábias e falar com sabedoria.

■ *Ore por um compromisso vitalício de alimentar a sabedoria.* Como as circunstâncias da vida estão sempre mudando, a busca por sabedoria é uma demanda permanente. É necessário buscá-la dia após dia. A sabedoria é o presente de Deus a você e ao seu marido para hoje. Use-a com as bênçãos que ele dá! E amanhã? Levante-se e peça sabedoria mais uma vez. A sabedoria de ontem não será adequada aos problemas que você enfrenta hoje. E a sabedoria de hoje não será adequada às adversidades que você enfrentará amanhã. Então vá ao encalço da sabedoria continuamente.

O SEU MARIDO É CONHECIDO NO LUGAR DE JULGAMENTO

Parece que a sabedoria vem de modo natural para algumas pessoas. Talvez o seu marido seja uma dessas pessoas. Louve a Deus se for esse o caso — e ore! A tarefa que Deus dá a você como esposa dele é de continuar orando por ele dia após dia.

Seja qual for o nível de sabedoria que o seu esposo possua hoje, a sua função é encorajá-lo a cada oportunidade. Quando ele tomar uma decisão sábia, elogie-o e agradeça a ele. Quando ele estiver indeciso quanto a alguma decisão, ouça e ore. Faça perguntas — e ore! Ouça o que ele tem a dizer. Se ele estiver prestes a tomar uma decisão (na sua opinião) duvidosa, ouça mais uma vez, faça perguntas e incentive-o a buscar a sabedoria de outras pessoas... e também orar a Deus. O seu objetivo não é inibir o seu parceiro, mas ser uma influência amorosa e favorável sobre ele. Ore para que o seu cônjuge se torne o marido de Provérbios 31: *Seu marido é respeitado no lugar de julgamento, quando se assenta entre os anciãos do povo* (v. 23).

Uma oração do coração
de Salomão

2Crônicas 1.9,10

Ó Senhor Deus [...] *Dá-me agora sabedoria e conhecimento, para que eu possa conduzir este povo.*

CAPÍTULO CINCO

Orando pelo emprego
do seu marido

E tudo quanto fizerdes, quer por palavras,
quer por ações, fazei em nome do Senhor Jesus,
dando graças por ele a Deus Pai.

COLOSSENSES 3.17

Eu amo aqueles comerciais em que aparece um casal caminhando junto pela areia da praia. Eles estão com as barras das calças enroladas, de mãos dadas e parecem felizes. Todos nós sonhamos com férias exóticas num cruzeiro pelo Caribe ou passar o tempo numa piscina cristalina em algum hotel muito, muito bom. (E não se esqueça de incluir nesse sonho o tratamento completo no *spa*!)

Bem, para levar esse sonho um pouco mais longe, é possível que também existisse a fantasia de que o casamento de alguma forma incluiria muitas férias e fartura de tempo para lazer. Você e o seu marido também teriam muito dinheiro e tempo de sobra para viajar pelo mundo e desfrutar de todos os tipos de experiências exclusivas.

Então, como a sua fantasia está se saindo? Se vocês forem como a maioria dos casais, a vida real não é bem como você imaginava. Em vez de caminhar na praia, você e o seu marido estão batendo as ruas da sua cidade a caminho do trabalho como vendedor, enfermeiro, professor, encarregado de um depósito ou de uma empresa, ou correndo para se apresentar no campo de manobras de uma base militar.

O que aconteceu? Filhos, aluguel, aparelhos dentários, escola, faculdade, a lista de gastos segue sem fim. Talvez o seu marido e você também estejam trabalhando apenas para conseguir pagar as contas. Mesmo que você seja uma dona de casa, você é uma mulher muito ocupada! Então, não importa qual seja a sua situação, vocês dois têm um "emprego"! Ele trabalha, mas você também se ocupa ao gerenciar uma casa agitada e uma prole fervilhante! Mas, independentemente de qual seja o seu contexto particular, será que Deus não planejou que fosse dessa forma?

DISSIPANDO OS RUMORES

Há rumores de que o trabalho é uma consequência da queda do homem — que, se Adão e Eva não tivessem comido do fruto proibido, nós não teríamos que trabalhar hoje! Mas, na realidade, o trabalho já existia antes da Queda. Muito antes daquela primeira mordida no fruto, testemunhamos Deus trabalhando na criação do Universo.

No primeiro versículo da Bíblia, Gênesis 1.1, encontramos Deus batendo o cartão de ponto, por assim dizer, como se fosse um trabalhador: *No princípio, Deus criou os céus e a terra.* Finalmente, quando o trabalho estava completo, no sétimo dia Deus *descansou de toda a obra que havia criado e feito* (Gn 2.3). Então, depois de criar Adão e Eva, Deus lhes disse: *Frutificai e multiplicai-vos; enchei a terra e sujeitai-a; dominai sobre os peixes do mar, sobre as aves do céu e sobre todos os animais que rastejam sobre a terra* (Gn 1.28). Para mim, isso parece trabalho!

Então, ao longo de toda a Bíblia, começando com Adão e Eva no jardim do Éden, o trabalho é visto como parte normal e natural da vida. O livro de Provérbios, no Antigo Testamento, costuma contrastar trabalho e trabalhadores com aqueles que não trabalham e a consequência de sua falta de diligência. Por exemplo:

Em todo trabalho há proveito; as meras palavras, porém, só levam à miséria (Pv 14.23).

Já vistes um homem competente no que faz? Este servirá os reis e não trabalhará para gente comum (Pv 22.29).

Não nos esqueçamos da mulher de Provérbios 31.10-31. Não venha me dizer que essa dona de casa não trabalhava! Aqui está uma amostra das atividades dessa mulher "excelente":

[13] *Busca lã e linho; de boa vontade, trabalha com as mãos.*
[14] *É como os navios mercantes, que de longe trazem alimento.*
[15] *Levanta-se de madrugada e alimenta sua família; distribui tarefas às suas servas.*
[16] *Avalia um campo e compra-o; planta uma vinha com a renda de seu trabalho.*
[17] *Dedica-se com determinação e se esforça.*
[18] *Percebe que seu ganho é bom, e de noite sua lâmpada não se apaga.*
[19] *Com as mãos segura o fuso e com os dedos pega a roca.*
[20] *É generosa com o pobre; sim, ajuda o necessitado.*
[21] *Quando vem a neve, não se preocupa com sua família, pois todos estão bem agasalhados.*
[22] *Faz cobertas para si mesma; seu vestido é de linho fino e de púrpura.*
[23] *Seu marido é respeitado no lugar de julgamento, quando se assenta entre os anciãos do povo.*

84   O PODER DA ORAÇÃO PELO CASAMENTO

²⁴ *Faz vestidos de linho e os vende, fornece cintas aos comerciantes.*
²⁵ *Força e dignidade são seus vestidos; não se preocupa com o futuro.*
²⁶ *Abre sua boca com sabedoria, e o ensino da benevolência está na sua língua.*
²⁷ *Administra os bens de sua casa e não se entrega à preguiça.*
²⁸ *Seus filhos se levantam e a chamam bem-aventurada, o marido também a elogia, dizendo:*
²⁹ *Muitas mulheres agem de maneira virtuosa, mas tu superas a todas.*
³⁰ *A beleza é enganosa, e a formosura é vaidade, mas a mulher que teme o* SENHOR, *essa será elogiada.*
³¹ *Que ela seja recompensada por seu esforço, e seu trabalho, elogiado em público.*

Minha companheira trabalhadora, é óbvio que Deus nos criou, tanto homens quanto mulheres, para sermos trabalhadores. Ele sabe que a nossa composição física e mental se desenvolve com o trabalho.

O CONTO DOS DOIS MARIDOS

Ao chegar ao próximo versículo para usar na sua oração pelo seu esposo, você deparará com duas direções possíveis para as suas preces. As duas possibilidades são o Marido Nº 1 e o Marido Nº 2. Os perfis a seguir são deliberadamente exagerados a fim de cobrir as várias atitudes que o homem pode ter com relação ao trabalho e ao emprego dele.

O Marido Nº 1 ama o trabalho. Ele é bom no que faz e está constantemente aperfeiçoando suas habilidades enquanto trabalha. A função dele exige tremenda responsabilidade e, portanto, ele leva o trabalho dele a sério. Você pode estar pensando: "Mas qual é o problema? Tudo o que eu gostaria é que o meu marido fosse mais como esse homem — o Marido Nº 1!"

Bem, é como diz o ditado, cuidado com o que você deseja. O Marido Nº 1 mostra muitos sinais de que poderia se tornar um *workaholic*. Ele sai para trabalhar muito cedo e volta tarde para casa. Ele traz trabalho para casa e fica acordado trabalhando nesse projeto ou preparando aquele relatório. Quando ele está com você e as crianças, está apenas metade presente, quando muito. Até quando vocês deveriam estar aproveitando as férias em família, ele está falando diversas vezes ao dia com pessoas do escritório ou com algum cliente. Ainda mais o tanto de *e-mails* e mensagens de texto que vão e vêm sem parar!

O Marido Nº 2, no entanto, não ama o emprego que tem. Na verdade, pode ser até que ele o odeie! Talvez ele tenha começado gostando do trabalho dele, mas em algum momento ao longo do caminho algo aconteceu. O chefe de que ele tanto gostava se aposentou. Pode ser que ele tenha chegado a um ponto onde não pode progredir mais, ou tenha sido rebaixado de cargo. Como ele está insatisfeito com o trabalho, a família sente os efeitos de seu descontentamento. Todo dia é um "dia ruim no escritório"; então, ele volta para casa, chuta o cachorro, grita com você e ignora as crianças. Ele se torna retraído e passa o tempo dele parado na frente da televisão. O seu esposo descontraído agora está irritado, deprimido, desanimado e insatisfeito — e ele o demonstra.

Como eu já disse, estou exagerando um pouco nesses dois retratos extremos de homens no trabalho. Mas por todos esses anos de ministério com mulheres, penso que não estou muito distante da realidade nessas descrições. Não importa se é casada com o Marido Nº 1 ou o Marido Nº 2, você sabe que grande desafio está enfrentando. É óbvio que, como já estabelecemos, sendo esposa você é chamada a auxiliar o seu marido

(Gn 2.18) — e orar por ele. Você deve orar pelo seu esposo, pelo trabalho dele e o pelo modo como isso o afeta. Tanto o Marido Nº 1 quanto o Marido Nº 2 estão reagindo de forma negativa aos aspectos do emprego que possuem. Como você pode ajudá-lo sem ser direta e confrontar o seu parceiro? Antes de recorrer a um escândalo, comece orando por equilíbrio. Já estamos chegando ao nosso versículo; então, aguente firme!

ORANDO POR EQUILÍBRIO

Deus quer que o seu marido seja um modelo e líder espiritual forte para a sua família, assim como um provedor. Muitos homens se prendem à parte da "provisão" de suas obrigações de marido e acabam sendo consumidos por seu emprego, seja como *workaholic* ou como um homem preso a um trabalho que o desagrada, mas sabe que dele precisa a fim de cuidar de sua família.

Sim, Deus quer que o marido sustente e ame a família, proclame a fé e siga a carreira dele com um chamado vindo do Senhor. Mas é possível alcançar um equilíbrio onde o seu marido não deteste o emprego a ponto de afetar os relacionamentos em casa e a saúde dele.

Como isso tudo é possível? E como atingir o equilíbrio? Existe uma tensão natural na vida do seu marido no que diz respeito ao trabalho. Ele entende que Deus espera que ele sustente a família. É provável que ele já tenha lido ou ouvido a respeito e entenda as implicações do versículo que diz: *Mas, se alguém não cuida dos seus, especialmente dos de sua família, tem negado a fé e é pior que um descrente* (1Tm 5.8).

Estou certa de que você pode imaginar a pressão diária que o mandato de Deus coloca sobre o seu marido. Caso trabalhe fora ou não, ou contribua de outras formas para a condição financeira da sua família, você pode pedir que Deus aja diariamente no coração do seu marido para que ele encontre equilíbrio, paz, alegria, satisfação e sucesso na profissão dele. E assim você ora!

Uma oração

Aqui está um versículo abrangente que você pode usar em oração por pelo esposo como empregado e provedor da sua família. Não deixe de ler o versículo na Bíblia ou na primeira página deste capítulo. Assim como em cada oração neste livro, insira o nome do seu marido nos espaços em branco enquanto ora. Eleve o seu coração e as suas palavras — e o seu marido! — ao Pai que está no céu.

Minha oração pelo meu marido

Colossenses 3.17

Querido Senhor, tudo o que _____ fizer hoje, seja em palavra, seja em ação, eu oro para que ele o faça tendo o Senhor em mente e em nome do Senhor Jesus. Guia _____ a viver como teu representante, Senhor, trazendo glória e honra a ti pela forma de se conduzir. Agradeço e louvo ao Senhor por _____ e oro para que eu e _____ constantemente demos graças a Deus Pai por Jesus.

Essa é uma oração perfeita para o seu marido, porque seu pedido a Deus se baseia num versículo tirado da Bíblia. Assegure-se de perceber alguns elementos especiais dentro dessa oração.

A natureza abrangente da sua oração — *E tudo quanto fizerdes quer por palavras, quer por ações*... Nessas poucas palavras, o apóstolo Paulo faz uma das declarações mais abrangentes de todo o Novo Testamento. Aqui, aprendemos o que é governar a vida cristã do seu marido e a sua também. *Tudo quanto o* seu marido faz aponta para a extensão das suas orações e preocupações por ele. E aí vem mais uma boa notícia: A expressão *"tudo quanto"* dá a oportunidade de você inserir tudo quanto quiser ou tudo quanto estiver pressionando o seu coração a orar. *Tudo quanto* pode ser uma reunião importante da qual o seu marido esteja participando ou dirigindo. Ou pode englobar uma longa viagem a trabalho ou serviço militar. Seja qual for o seu "tudo quanto", você está dando cobertura a ele.

A oração continua com *quer por palavras, quer por ações*. Isso abarca o modo de falar do seu cônjuge e todas as atividades dele.

Mas isso não é tudo. Para dar ainda mais ênfase, Paulo usa o *tudo quanto fizerdes*. *Tudo quanto fizerdes* não quer dizer que essa é uma oração genérica do tipo "metralhadora" daquelas "Deus, abençoa o meu marido hoje". Essa é uma oração que permite que você inclua coisas específicas do dia do seu esposo, como uma reunião com o chefe. Essa é uma oração mais do tipo "cobertor" por qualquer coisa que possa acontecer no dia de trabalho do seu marido.

O desejo da sua oração — Ore para que o seu marido faça tudo *em nome do Senhor Jesus*. O seu pedido é que ele julgue e decida falar e se conduzir de acordo com o Departamento de Padrões Divino, conforme os padrões de Deus para apreciação das suas ações — que é *em nome do Senhor Jesus*.

O que isso significa? Que você está orando para que as palavras e ações do seu cônjuge ocorram de tal forma que o estabeleçam como verdadeiro representante e seguidor de

Jesus Cristo. Você está orando para que as palavras dele estejam de acordo com a vontade de Deus. Você está orando para que o seu marido faça tudo para a *glória de Deus* (1Co 10.31). *A esperança da sua oração — ... dando graças por ele a Deus Pai.* A sua oração termina pedindo para Deus dar um coração grato ao seu esposo, apesar das circunstâncias do serviço dele. Haverá pressão, decepção e grandes expectativas do chefe no trabalho. Haverá longas horas de trabalho e desafios inesperados. Ou, no outro extremo, pode ser que alguns dias ele sinta falta de desafios no serviço ou peçam que ele faça algo sem sentido. A sua oração é que, independentemente do que ele enfrentar, o seu marido se lembre de agradecer a Deus por ter um emprego que o capacita a sustentar a família dele — que ele está fazendo a vontade de Deus ao trabalhar, o que sempre glorifica e agrada a Deus.

Esse é um grande lembrete para você também. Tão importante quanto o seu marido se lembrar é você mesma lembrar-se de dar graças a Deus Pai por Jesus Cristo. A vida nem sempre segue como você gostaria. Pode ser que você seja casada com um homem descrito pelo Marido N$^{\underline{o}}$ 1 ou pelo Marido N$^{\underline{o}}$ 2. Mas isso nunca será desculpa para não ser grata pelas bênçãos que você tem.

O QUE VOCÊ PODE FAZER ALÉM DE ORAR?

Entenda o mandato do seu marido. Deus ordenou aos homens que trabalhem e sustentem sua família. Isso é visto na Bíblia logo no Gênesis. Historicamente, o marido é quem costumava ganhar o pão. Mas os tempos mudaram. Quando escrevi o meu primeiro livro, *Amando a Deus de todo o seu entendimento,*[1] as mulheres casadas nos Estados Unidos, na maior parte, eram donas de casa. Hoje, a maioria das senhoras faz parte

---

[1] *Amando a Deus de todo o seu entendimento.* São Paulo: United Press, 2003.

da força de trabalho. Algumas esposas trabalham em casa, mas muitas deixam seu lar em algum momento do dia para trabalhar fora.

Essa mudança nas estatísticas e no estilo de vida certamente tirou parte da pressão de o marido ser o único provedor. Mas o trabalho ainda faz parte do plano de Deus para os homens casados. Isso é algo que eles devem fazer. Não deixe de apoiar e incentivar o seu marido de modo intencional e constante no trabalho dele.

Converse com o seu marido sobre o trabalho dele. É maravilhoso o que você pode aprender quando tem uma conversa honesta sobre o trabalho do seu esposo. Esses momentos não têm como intenção ser uma sessão de críticas ou queixas. Apenas pergunte ao seu marido como ele gasta a maior parte do tempo dele no trabalho. O que ele faz de hora em hora? Que tipo de crises ocorre? Em que projetos ele está trabalhando? O que ele mais gosta no serviço e quais são os desafios dele?

Se o seu marido estiver infeliz com o emprego dele, você terá outra questão: O que você pode fazer para ajudá-lo a reverter a atitude dele? É óbvio que conseguir que ele memorize Colossenses 3.17 ajudaria a influenciar a atitude dele de maneira positiva.

Pode ser até que o seu parceiro esteja pensando em mudar de emprego. O que você pode fazer para ajudar se ele se sentir encurralado financeiramente? Uma coisa que vocês podem fazer é conversar sobre possíveis soluções dentro de casa. Por exemplo: vocês podem cogitar vender um dos carros, caso tenham mais de um, ou tirar as crianças da escola particular. Conversem sobre ideias que possam aliviar os fardos financeiros de modo que o seu marido possa mudar de emprego a ainda suprir as necessidades da família. Faça tudo o que puder para demonstrar apoio.

Haverá muitas mudanças na condição de emprego do seu marido e na situação financeira da sua família ao longo da vida de casada. E, quando estiver munida com informações reais dessas conversas com ele, você saberá exatamente como orar a cada dia.

Busque oportunidades para conversar. Eu sei que estou sendo repetitiva, *mas a comunicação é a peça-chave para o casamento.* É evidente que o trabalho do seu cônjuge é uma parte importante da vida dele e do seu casamento. Então, planeje formas de vocês dois poderem escapar mesmo que seja por uma ou duas horas para conversarem. Jim e eu costumávamos contratar uma babá e atravessar a rua para irmos a um lugar onde serviam refil de refrigerante de graça. E, como você já deve ter imaginado, nós pedíamos dois refrigerantes e aproveitávamos para conversar. Outro casal que conhecemos escolheu as noites de quarta-feira para ser a "noite da batata frita" e ia a uma lanchonete que servia batata frita. No caso deles e no nosso, o valor gasto era muito pouco. Mas tudo bem, porque, afinal de contas, aquele momento não se tratava de comer, mas de se comunicar e crescer como casal. Esses encontros nos davam tempo para conversar sem distrações e com um orçamento ínfimo!

Pergunte pelo que você pode orar. Eu sempre perguntava ao Jim: "O que tem acontecido ultimamente no trabalho?" Enquanto ele compartilhava, eu guardava tudo na minha mente para orar. Caso ele tivesse uma apresentação às 10 horas, eu colocava o despertador para tocar às 10 horas para orar. Caso ele tivesse uma reunião às 14 horas, isso entrava na minha agenda de oração naquele dia. Mais tarde, naquela noite, eu perguntava: "Como foi a sua reunião?" Eu até passei por anos em que orava por Jim de hora em hora, acertando o relógio para tocar a cada sessenta minutos. Como já disse em outro capítulo, nós, esposas, não apenas oramos; nós também oramos, oramos, oramos!

Faça muitos elogios! Com o alto nível de *stress* do trabalho do seu marido e o papel dele como provedor, soa como música aos ouvidos dele quando você demonstra quanto valoriza a pessoa dele e o esforço que ele faz para cuidar de você e da família. Ore para que as exigências do emprego não afetem a vida espiritual, a saúde física dele, nem o bem-estar da família. Ore para que você seja a primeira incentivadora dele e um esteio para ele. Ore todos os dias para que os seus lábios derramem elogios ao seu amado.

Seja uma interlocutora neutra. Não conheço pessoalmente nenhum homem sequer que tenha permanecido no mesmo emprego toda a vida profissional. Então, você pode contar com isso — chegará o dia em que o seu esposo vai considerar a possibilidade de mudar de emprego. Você precisa ser uma interlocutora positiva, a amiga mais chegada e confidente. Tente ser neutra e ajude-o a avaliar as opções. Pode ser necessário que ele mude de cidade por causa da profissão dele. Pode ser necessário que ele volte a estudar e mude de profissão.

Esse é um momento especial para você se achegar a Deus como guerreira de oração a favor do seu marido e da sua família. É fácil desmoronar quando os nossos alicerces são abalados. É aí que você se lembra de se voltar para Deus — toda vez que estiver preocupada, ansiosa, tiver a sensação de pânico de que o seu mundo está desabando. Se eu e você nos sentimos assim, imagine como o seu marido está se sentindo com um fardo tão maior sobre os ombros dele. E por isso você ora.

UMA HISTÓRIA PESSOAL

Eu sei MUITO BEM o que são tempos difíceis e mudança de vida. Jim e eu nos casamos na faculdade e completamos os estudos sem apoio financeiro dos nossos pais. Não que eles não quisessem contribuir — eles simplesmente não tinham dinheiro para nos ajudar.

Quando conheci Jim na faculdade, nós dois trabalhávamos meio período e continuamos até a nossa formatura. Desde então, tivemos poucos anos em que nós dois não trabalhávamos de alguma forma para cuidar das nossas filhas e enfrentar as nossas despesas. Trabalhei fora até as meninas nascerem. Então, comecei a trabalhar em casa fazendo transcrição, contabilidade e outros trabalhos de escritório. Acredite, a nossa vida virava de pernas para o ar, durante anos, uma vez que Jim era transferido a cada ano e meio por causa do trabalho. Ele até foi convocado pelo serviço militar durante a Guerra do Golfo e o conflito na Bósnia.

Mas o meu maior aprendizado sobre apoiar o trabalho do meu marido foi durante dez anos de vacas magras. Essa década começou quando Jim pediu demissão do emprego como vendedor de medicamentos para ingressar no seminário a fim de se preparar para o ministério. Como você pode imaginar, aqueles anos foram de dificuldades. As meninas também se lembram daquele tempo. Um dia, Katherine, recém-casada naquele tempo, me ligou e perguntou: "Mãe, você tem alguma daquelas receitas que fazia para nós quando estávamos passando por dificuldades?"

Penso muito a respeito daqueles anos desafiadores. Bem, uma manhã, eu estava me perguntando como consegui passar por aqueles momentos penosos. Na verdade, foi uma *década* penosa! Então, pesquisei no meu caderno de oração, localizei aqueles anos e li as minhas listas de oração. Ali encontrei os meus pedidos de oração por Jim, que tinha quatro — sim, *quatro* — trabalhos de meio período para eu poder ficar em casa com as nossas duas filhas pequenas. Em vez de estar amargurada e ficar presa à fartura de que desfrutávamos no passado, nós nos ajustamos. Jim conseguiu um trabalho extra e eu fazia todo o possível para manter as despesas no mínimo.

E... eu orava. Orava como louca. Eu me sentia como o homem que compartilhou a experiência a seguir, que creio ser o modo segundo o qual Deus quer que vivamos: "Em um único dia, orei praticamente uma centena de vezes e à noite quase com a mesma frequência".[2]

Minha terna amiga, que o nosso Senhor abençoe ricamente você e os seus, quando buscá-lo com seu coração e suas necessidades. Que ele a banhe com a graça e o favor dele enquanto você ora, apoia e ama o seu marido!

Uma palavra do coração de Paulo sobre a oração

Filipenses 4.6,7

Não andeis ansiosos por coisa alguma; pelo contrário, sejam os vossos pedidos plenamente conhecidos diante de Deus por meio de oração e súplica com ações de graças; e a paz de Deus, que ultrapassa todo entendimento, guardará o vosso coração e os vossos pensamentos em Cristo Jesus.

---

[2] Patrício da Irlanda, conforme citado em WIRT, Sherwood Eliot. *Topical Encyclopedia for Living Quotations*. Minneapolis: Bethany House Publishers, 1982, p. 182.

CAPÍTULO SEIS

Orando pela visão financeira *do seu marido*

Porque o amor ao dinheiro é a raiz de todos os males; e por causa dessa cobiça alguns se desviaram da fé e se torturaram com muitas dores.

1TIMÓTEO 6.10

Sempre ouvi que os problemas financeiros são a raiz da maior parte das brigas e divergências no casamento. E, efetivamente, quando digitei "Quais são os dez maiores problemas no casamento?" no *site* de buscas da internet, quase todas as listas criadas tanto por conselheiros conjugais quanto por advogados especializados em divórcio tinham as finanças como primeiro item, no topo da lista!

É só pegar qualquer jornal, revista ou ler as notícias mundiais na internet e você saberá de imediato que o casamento não é a única instituição com problemas financeiros. Comissões e líderes governamentais, negócios grandes e pequenos e até muitas igrejas são pegos pela ideia de que o dinheiro é a resposta para todos os problemas.

96 O PODER DA ORAÇÃO PELO CASAMENTO

O mesmo acontece com o seu casamento e a sua família. É tão fácil — e natural — pensar de modo equivocado: "Se nós tivéssemos mais dinheiro, poderíamos ter um carro com menos de dez anos de fabricação. Poderíamos morar num bairro melhor e os nossos filhos poderiam frequentar uma escola melhor. E imagine só quanto ficaríamos mais conectados um ao outro se tivéssemos dinheiro suficiente para sair de férias de verdade!"

Muitas esposas que trabalham fora também pensam: "Se nós tivéssemos mais dinheiro, eu poderia parar de trabalhar e cuidar das coisas em casa e ser melhor esposa e mãe".

E assim os nossos devaneios, anseios, racionalizações e justificativas seguem adiante. Esse tipo de pensamento pode somente levar à conclusão de que para alimentar os nossos desejos, por mais que pensemos que eles possam ser nobres e divertidos, precisaremos de mais dinheiro — quanto mais, melhor e quanto antes!

"SE DEUS NÃO ATENDEU, É PORQUE EU NÃO PRECISAVA"

Parte do nosso testemunho inclui o fato de que Jim e eu estávamos *muito* bem financeiramente quando nos convertemos a Cristo. Bem, não demorou muito para Jim decidir que queria pedir demissão do trabalho e estudar no seminário para poder entrar no ministério. Fazer isso significava que teríamos de vender a nossa casa *realmente* agradável e o nosso segundo carro — e mudar a nossa família com quatro pessoas para uma casa muito menor.

Você não acreditaria se visse como era comprida a lista de "Coisas que esta casa não tinha"! Eu só posso dizer que uma coisa boa é que eu estava aprendendo a orar todos os dias. Bem, peguei a minha lista de "Coisas que esta casa não tinha" e resolvi colocá-la diante de Deus em oração todo santo dia.

Eu orava pela lista inteira, riscando cada coisa que estava faltando. Na manhã seguinte e na próxima, eu fiz a mesma coisa, repetidas vezes — por anos! Foi então que criei um ditado que me ajudou a passar cada dificuldade financeira diária. A minha função era orar diariamente pelas minhas necessidades perceptíveis. A função de Deus era atender às "necessidades" se e quando nós realmente precisássemos. Atender a elas no tempo e à maneira dele. Assim, nasceu o meu pequeno ditado: "Se Deus não atendeu, é porque eu não precisava". A cada dia, eu fielmente colocava as minhas necessidades no colo de Deus por meio da oração e a cada dia eu era capaz de encerrar a oração e cuidar do meu dia sem que outro pensamento sobre finanças me passasse pela cabeça. Elas estavam onde precisavam estar — nas mãos de Deus.

Eu também me vali desta paráfrase do Salmo 23.1: *O* S*enhor é o meu pastor. Ele me dá tudo do que eu preciso!*

APRENDENDO A ESTAR SATISFEITA

Graças ao Senhor, eu continuei lendo a Bíblia em todas as décadas que se seguiram. Não sei de que outra forma conseguiria passar pelos drásticos altos e baixos financeiros que a nossa família experimentou.

Mas, em algum ponto desse processo de aprender a orar pelas finanças, encontrei e me agarrei a Filipenses 4.11-13 como uma mulher entrando num mar tempestuoso pela terceira vez. Ao ler esses valiosos versículos, faça-o com atenção. Note cada palavra, cada frase e cada verdade. Esse texto das Escrituras está repleto de realidades da vida, com respostas para as nossas lutas, encorajamento, uma visão geral madura sobre o ter e não ter, e com vitória.

[11] *[...] aprendi a estar satisfeito em todas as circunstâncias em que me encontre.*

98 O PODER DA ORAÇÃO PELO CASAMENTO

> [12] *Sei passar necessidade e sei também ter muito; tenho experiência diante de qualquer circunstância e em todas as coisas, tanto na fartura como na fome; tendo muito ou enfrentando escassez.*
> [13] *Posso todas as coisas naquele que me fortalece.*

Pegue uma caneta ou um lápis e sublinhe a palavra "aprendi". Depois, circule os três pares que expressam as nossas necessidades extremas. Então, faça um círculo em volta da palavra "satisfeito", que denota o glorioso resultado do processo de aprendizado descrito nesses versículos. Finalmente, se você ainda não o fez, memorize o versículo 13, o grito de vitória de Paulo.

Ter dinheiro não é algo errado em si mesmo. Na verdade, o dinheiro é amoral — nem mau nem bom. O que faz o dinheiro ser mau ou bom é a nossa atitude com relação a ele e ao uso dele. Em nenhum lugar na Bíblia o fato de ser rico é chamado de pecado. Bem, alguns dos homens mais excepcionais do Antigo Testamento, como Abraão, Jó e Salomão, eram extremamente abastados. E no Novo Testamento lemos sobre José de Arimateia, um líder abonado que seguia a Jesus e que abriu mão de sua própria tumba para sepultar o corpo de Jesus (Mt 27.60).

Não, dinheiro não é o problema. O impasse real é como você usa o dinheiro que recebe e possui. Assim como acontece com tudo o que você e o seu marido têm, vocês são chamados para serem mordomos da bênção providencial de Deus, que é o dinheiro. Vocês também darão contas a Deus pela forma como o usarem.

O DINHEIRO É COMO UMA MIRAGEM

Eis uma imagem para guardar na sua mente: O dinheiro é como uma miragem no deserto. Ele dá a aparência de ser a

ORANDO PELA VISÃO FINANCEIRA DO SEU MARIDO **99**

resposta a todos os seus problemas, mas, assim como uma miragem, é apenas ilusão. Então, por inúmeras razões, você deve se preocupar com a visão que o seu marido tem sobre o dinheiro e como ele o administra. Aqui estão várias razões-chave para elevar orações diárias a Deus pelo seu marido — e por você também!

O dinheiro não é a solução para os seus problemas. É difícil não pensar como casal: "Se ao menos tivéssemos mais dinheiro..." o dia inteiro, todos os dias, até o fim. Mas eis um fato que é uma dose de realidade, um verdadeiro alerta: O dinheiro não é a solução para os seus problemas. Na verdade, ele pode agravá-los.

A Bíblia reconhece com clareza que o dinheiro é necessário para sobreviver. O dinheiro que você ganha e tem deve ser ganho de maneira honesta e administrado com cuidado. O marido deve trabalhar e sustentar a sua família (1Tm 5.8). E a mulher de Provérbios 31 mostra às esposas múltiplas formas de contribuir para a condição financeira da família.

Mas a palavra de Deus também alerta quanto à má utilização dos recursos monetários. O amor ao dinheiro é chamado de *raiz de todos os males* (1Tm 6.10). O dinheiro pode ser perigoso, porque tem o potencial de se tornar um instrumento que inflama os nossos desejos materialistas. Ele pode nos tentar a comprar o que queremos, e não apenas o que precisamos.

O dinheiro pode se tornar uma barreira entre você e Deus. Quando Jesus disse: *É mais fácil um camelo passar pelo fundo de uma agulha do que um rico entrar no reino de Deus* (Mc 10.25), seus discípulos ficaram chocados. Eles perguntaram: *Quem, então, pode ser salvo?* (v. 26). Esse diálogo ocorreu depois de Jesus ter confrontado um jovem rico que veio até ele desejando herdar a vida eterna. A reposta de Jesus? *Vai, vende tudo o que tens e dá-o aos pobres; e terás um tesouro no céu;*

depois vem e segue-me (v. 21). Infelizmente, esse homem abastado não estava disposto a abrir mão de seu dinheiro. E *retirou-se triste, porque possuía muitos bens* (v. 22).

Essas palavras de Jesus falam de forma direta ao nosso coração todos esses séculos depois, informando-nos de que o dinheiro não é a coisa mais importante da vida. Conhecer a Cristo, amá-lo e segui-lo sim é que é. Você tira muita pressão sobre o seu marido quando o seu primeiro amor é o próprio Jesus. Quando isso for verdade no seu coração e você for fiel em levar as suas preocupações sobre a sua condição financeira a Deus em oração, ficará satisfeita com o que tem. Será grata e contente por todas as ricas bênçãos de Deus. Não permita que questões financeiras se tornem uma barreira que impeça você e o seu marido de amar e confiar em Deus e viver para ele.

O dinheiro não é o termômetro para a sua situação com Deus. Nos dias de Jesus, a riqueza era vista como um sinal visível da espiritualidade da pessoa e do favor de Deus. Foi por isso que os discípulos de Jesus ficaram tão chocados quando ele disse: *Como é difícil para quem tem riquezas entrar no reino de Deus!* (Mc 10.23). Eles aprenderam que a riqueza era uma bênção de Deus, uma recompensa dele por ser uma boa pessoa.

Lamentavelmente, esse equívoco ainda é comum em algumas igrejas hoje em dia. O fato de alguns crentes desfrutarem de prosperidade material não é necessariamente um indicador de sua espiritualidade ou da parcialidade de Deus com relação a eles. Precisamos medir a maturidade espiritual das pessoas por sua vida, não pela conta bancária. O mesmo se aplica à falta de recursos. Ser pobre não é um indicador de desaprovação ou castigo de Deus. A riqueza é meramente uma das muitas formas com que Deus abençoa seus filhos.

O dinheiro pode levar a uma autossuficiência destrutiva. O dinheiro pode se tornar um símbolo das nossas realizações e esforços, o que pode levar ao orgulho. Não há dúvida de que a nossa sociedade usa a riqueza e seus sinais externos para medir o sucesso.

Mas há um grande perigo em divagar sobre o que temos, porque é fácil nos tornarmos orgulhosos e raciocinarmos: "Olha o que eu fiz!", ou pior: "Por que eu preciso de Deus?" Podemos cair no erro de viver como se todas as nossas necessidades fossem supridas com dinheiro. Se ficarmos doentes, não temos com o que nos preocupar! Podemos pagar o melhor plano de saúde possível. Se o meu filho tiver alguma necessidade, isso não será problema! Eu posso pagar pela solução.

Na passagem de Lucas 12.16-20, Jesus ensinou a parábola do rico insensato para uma multidão tão grande que as pessoas estavam atropelando umas às outras. Nessa história, o homem rico, em sua autossuficiência, disse: *Armazenaste muitos bens para vários anos; descansa, come, bebe, alegra-te* (v. 19). Uau, que arrogância — que orgulho! E qual o objetivo de vida desse homem? Armazenar dinheiro para descansar, comer, beber e se alegrar!

O ponto central de Jesus é um alerta no versículo 15: *Cuidado! Evitai todo tipo de cobiça; pois a vida do homem não consiste na grande quantidade de coisas que ele possui.*

A minha esperança é que você compreenda que, por meio da história de Jesus sobre o rico insensato, estamos testemunhando a visão que Deus tem sobre dinheiro, riquezas e ambição. Saber o que Deus diz a respeito da atitude que você deve ter com relação ao dinheiro a ajudará a orar pelo seu marido. Você pode orar para que ele abrace os ensinamentos de Jesus sobre posses e fartura. Isso também afetará o modo segundo o qual *você* aborda as suas necessidades, anseios, desejos e sonhos — o que será um fator positivo na vida e na visão geral do seu marido! Confie a Deus o que você tem e seja uma administradora cuidadosa dessas coisas.

102 O PODER DA ORAÇÃO PELO CASAMENTO

É claro que você também vai querer depositar a sua confiança em Deus para o que não tem e o que pensa que precisa. Mais uma vez, para mim é um conforto lembrar aquela conhecida promessa e verdade no Salmo 23.1: *O SENHOR é o meu pastor; nada me faltará*. Minha amiga, Deus provê tudo o que seus filhos precisam, ou ele não seria um bom pastor. Você pode carregar essa promessa no seu coração durante a alegria e a tristeza, na riqueza e na pobreza, na saúde e na doença... até que a morte os separe.

A ALEGRIA DE ORAR PELO SEU MARIDO

Ao olharmos para ainda outro versículo a ser usado nas suas orações pelo seu marido, não se esqueça de trazer à memória que esse versículo também se aplica igualmente a você. Os seus pensamentos e atitudes sobre o dinheiro e o uso dele são importantes e podem ter efeitos positivos ou negativos sobre a vida diária do seu esposo.

Por exemplo (e eu estou falando de lições que tive de aprender do modo mais difícil), se você reclama da sua situação financeira, chora ou resmunga por causa de algo que gostaria de ter ou pensa que precisa, ou destaca o que pensa estar faltando na sua vida, o seu marido pode acabar se sentindo tremendamente pressionado. Você pode fazê-lo pensar que ele é um fracasso no sustento da família. Ele pode pensar que precisa de mais um emprego. Ele pode começar a ficar ressentido e parar de falar com você. Ele pode pensar que você nunca ficará satisfeita e que não há meio de ganhar a sua aprovação.

Mas, se você tiver um coração que está tranquilo e satisfeito quanto a dinheiro, posição social e posses, o seu marido terá condição de relaxar e descansar na tranquilidade que você cria. Ele poderá se regozijar e agradecer a Deus porque você faz que a vida dele seja suportável, porque ele pode voltar para casa todos os dias com uma esposa realizada e um lar feliz. Se você se recusar a reclamar e se queixar sobre bens, necessidades, carências, desejos e anseios deste mundo, ele liderará a família com mais confiança.

Provavelmente, nem seja necessário mencionar quanto o seu fracasso em reduzir os gastos e ajudar a manter o orçamento baixo contribuirá de forma direta contra o objetivo de ele sustentá-la.

Como esposa, estou certa de que você pode ver muitas razões por que precisa orar pelo seu esposo e pela forma como ele vê o dinheiro e lida com ele. A maneira pela qual o seu marido (e você também!) lida com o dinheiro é uma grande preocupação. O Novo Testamento se refere inúmeras vezes ao dinheiro como "ganho ilícito".[1] O simples ato de ler ou ouvir essas duas palavras — ganho ilícito — me faz querer orar com ainda mais fervor para que o meu marido não fique obcecado por ganhar dinheiro.

E assim você ora! Ore e apele a Deus para ajudar o seu parceiro a *buscar as coisas de cima, onde Cristo está assentado à direita de Deus*. Ore para que ele *pense nas coisas de cima e não nas que são da terra* (Cl 3.1,2). Agora olhe mais uma vez para o início deste capítulo e leia o nosso versículo para orar.

Minha oração *pelo meu* marido

1Timóteo 6.10

Querido Deus, eu oro para que _____ *não sucumba ao amor ao dinheiro, o que desviaria a atenção dele ao Senhor para todos os males que a*

---

[1] Cf. 1Timóteo 3.3; Tito 1.7; 1Pedro 5.2.

obsessão pelo dinheiro pode trazer. Dá força para que, em vez disso, _____ busque uma vida de bondade e generosidade.

OLHANDO PARA O VERSÍCULO

Se você ler o capítulo inteiro de 1Timóteo 6, descobrirá que o versículo 10 (a base para essa oração pelo seu marido) é direcionado àqueles que são mestres. Contudo, como princípio comum, também se aplica a todo cristão. Isso torna o versículo 10 um texto perfeito para usar continuamente nas suas orações tanto por você quanto pelo seu marido.

O versículo 10 começa nos informando que *o amor ao dinheiro é a raiz de todos os males*. Tal amor não é a única "raiz" do mal, definitivamente, porém, propicia muito mal. Mas, como consideramos anteriormente, o dinheiro em si não deveria ser a nossa preocupação com o nosso cônjuge. O dinheiro é neutro. Ele pode ser usado para propósitos bons ou maus — dependendo do coração e das motivações da pessoa que o possui. Sua oração deve ser pela atitude do seu marido com relação ao dinheiro. O "amor ao dinheiro" é que é o pecado da ganância.

O dinheiro tem o poder de tomar o lugar de Deus na vida do seu marido. Ele pode com facilidade se tornar seu dono e dono do seu marido. Como é possível saber se você e o seu marido estão se tornando "amantes do dinheiro"? Quais são alguns dos sinais de perigo que indicam que vocês estão seguindo nessa direção?

Falando em orar pelo seu marido, aqui está uma lista de conferência que você pode usar ao orar.

- O seu marido está ficando mais preocupado em ganhar dinheiro?

- O seu marido está ficando mais apreensivo por causa de dinheiro?
- O seu marido está ficando obcecado por querer mais dinheiro?
- O seu marido está ostentando o dinheiro que tem?
- O seu marido está mesquinho com o dinheiro?

O QUE VOCÊ PODE FAZER ALÉM DE ORAR?

Seja positiva — Você é uma influência positiva ou negativa sobre a atitude do seu marido com relação ao dinheiro? Será que você precisa parar de reclamar sobre as coisas que acha que precisa ou não tem e começar a agradecer e louvar a Deus pelo que você tem?

Seja vigilante — É inevitável estar envolvida na vida do seu marido se você estiver orando por ele. Afinal de contas, vocês são um casal. Quando estiver orando pela forma de ele manusear o dinheiro e lidar com ele, mantenha os seus olhos e o seu coração abertos, e que venham os elogios e aplausos — e ore mais um pouco!

Faça perguntas, já que é a esposa dele. Essa é uma forma essencial para poder criar laços com ele e se orgulhar do trabalho que ele faz. Você pode valorizar — e orar sobre — os desafios que ele enfrenta no serviço. Saber mais sobre o trabalho do seu esposo faz de você uma parceira dele. Você *sabe*, por isso pode *mostrar interesse, e orar!* Você é a parceira dele na vida e pode ser uma sócia passiva quando ele estiver trabalhando.

Uma esposa amorosa, preocupada, ora para que o marido seja liberto da tentação e do mal (cf. a Oração do Pai-nosso em Mateus 6.13).

Seja consciente — O dinheiro é um mestre enganador e rígido. Gastá-lo pode trazer um rompante de entusiasmo. Todo mundo ama ver, usar e dar valor ao que adquiriu. Mas o dinheiro não

106 O PODER DA ORAÇÃO PELO CASAMENTO

pode garantir saúde e felicidade. Seja qual for a alegria que você pense que o dinheiro possa trazer à sua vida, ela é temporária, uma ilusão. Somente Jesus pode dar verdadeira alegria a você todos os dias — e dar vida eterna. É como Davi ponderou com relação a estar com Deus: ... *na tua presença há plenitude de alegria; à tua direita há eterno prazer* (Sl 16.11).

Por mais abastado, poderoso e bem-sucedido que fosse Davi, o anseio do seu coração se mantinha voltado para o céu. Faça todo o necessário para se certificar de que o seu foco e devoção estejam em Deus.

Seja generosa — Você e o seu marido são mordomos dos recursos e do dinheiro que Deus dá a vocês, e ele espera que vocês o administrem e usem com sabedoria, cuidado e atenção — e generosidade —, não importando se vocês têm pouco ou muito. É como a Bíblia diz: *Cada um contribua de acordo com o que decidiu no coração; não com tristeza nem por constrangimento, pois Deus ama a quem contribui com alegria* (2Co 9.7). Orem como casal antes de gastar e antes de contribuir. Fiquem felizes — "alegres" — quando contribuírem!

Seja uma administradora eficiente dos seus recursos — Tanto você quanto o seu marido devem levar a sério a mordomia da provisão de Deus, porque a administração do seu dinheiro é na realidade uma questão espiritual. Conversem e definam quem de vocês dois cuidará do pagamento das contas. Não deixem de prestar contas e estabelecer objetivos financeiros constantemente. Não se tornem parte das estatísticas de divórcio, porque não conseguem ou não querem trabalhar juntos para tratar dos problemas financeiros e concordar em administrá-los em unidade. Seja essa mulher que *administra os bens de sua casa* (Pv 31.27).

Esteja aberta a uma consulta financeira especializada — Lamentavelmente, a nossa sociedade faz que seja muito fácil contrair dívidas. Os cartões de crédito nos permitem comprar qualquer coisa sem nem pensarmos como poderemos pagar por ela. Se você e o seu marido estiverem com problemas financeiros, busquem ajuda. Eu vi em primeira mão como isso funciona. A minha cabeleireira e o marido dela estavam desesperados com tantas dívidas. Felizmente, eles procuraram ajuda e foram atrás de um consultor financeiro. Com a orientação deste, eles montaram um plano de três anos para se livrarem das dívidas. Parabéns — eles conseguiram! Antes de darem passos para administrar o dinheiro deles com mais sabedoria, eles estavam na miséria, e o casamento — e a família — também!

Ficar sem dívidas é uma oração e preocupação prática diárias. A oração e o diálogo diários sobre a sua condição financeira podem manter você e o seu querido com os pés no chão e ajudá-los a não contrair dívidas. Isso vai controlá-los no que diz respeito a gastar e economizar. Mas, se precisarem de ajuda externa de um especialista, corram atrás e se esforcem ao máximo.

Confira os extratos da sua conta bancária e do cartão de crédito diariamente. Eu comparo o ato de endividar-se ao de ganhar peso. Se não subir na balança com regularidade, um dia você acordará e descobrirá que ganhou mais 9 quilos indesejáveis! Isso pode acontecer da mesma forma com as dívidas. Se deixar de conferir a sua situação financeira com frequência, você acordará um dia desesperada com tantas dívidas.

Sejam um casal cujo tesouro está no céu — O dinheiro tem um lugar de destaque no casamento. Jesus declarou: *... onde estiver teu tesouro, aí estará também teu coração* (Mt 6.21). O dinheiro é essencial e necessário, mas não permita que ele governe a sua vida e o seu casamento. Lembre-se: você não pode dar mais que Deus, e ele prometeu que proverá. Não estou sugerindo que o casal que estou prestes a apresentar seja a norma, mas creio que podemos orar para seguir os mesmos passos que ele e juntar tesouro no céu:

C. T. Studd estudou em Cambridge e era um herói do público amante de esportes da Inglaterra. No início de 1880, o mundo secular ficou chocado com a decisão de C.T Studd buscar uma carreira como missionário por causa de sua conversão a Cristo. Ele tinha um patrimônio de cerca de 29.000 libras esterlinas, o que era uma fortuna considerável nos anos 1880. Ele doou tudo, com exceção de uma pequena quantia que deu para sua noiva. Para não ficar para trás, ela também doou todo esse dinheiro. O casal foi para a África como missionários sem nada.[2]

Uma oração para quando você estiver preocupada com dinheiro

Uma oração do coração da Elizabeth

Socorro, Jesus! Como é fácil ser apanhada pelos encantos do mundo à minha volta, ser tentada a acumular bens materiais, juntar dinheiro. Ensina-me a buscar ao Senhor e ao teu reino e a confiar na tua provisão para minhas reais necessidades. Ajuda-me a aprender a estar satisfeita com o que tu supres. Acalma o meu coração quanto ao futuro conforme dependo de ti para prover no teu tempo que é perfeito.[3]

---

[2] GRUBB, Norman. *C. T. Strudd, Cricketer and Pioneer*. Fort Washington, PA: CLC Publishers, 2001, p. 66-67.
[3] GEORGE, Elizabeth. *Prayers to Calm Your Heart*. Eugene, OR: Harvest House, 2014, p. 51.

CAPÍTULO SETE

Orando pelo seu marido na tomada de decisões

Se algum de vós tem falta de sabedoria, peça a Deus, que a concede livremente a todos sem criticar, e lhe será dada.
TIAGO 1.5

Com as mãos trêmulas e o coração aflito, apertei o botão *end* no meu telefone celular e encerrei uma ligação devastadora que mudaria a minha vida. O choque era muito recente para eu registrar seu alcance e as implicações permanentes. Um dos meus três irmãos havia acabado de me dar a notícia de que o nosso pai, que tinha 95 anos, tinha um câncer terminal diagnosticado e precisaria de cuidados médicos nos últimos dias de vida. Nossa mãe já estava em outra casa de repouso na mesma cidade por causa de Alzheimer. Nosso pai tentou cuidar dela, mas ela se perdia a todo momento do dia e da noite e não tinha a menor ideia de quem era o meu pai, o marido dela, ou quem eram os meus irmãos e eu.

Agora ficávamos sabendo que o meu pai também precisaria de cuidados. Todos os meus irmãos conversaram e concordaram que se revezariam aos finais de semana para ficar com o nosso pai e talvez a "Irmã" (essa sou eu!), que não tinha um

110 O PODER DA ORAÇÃO PELO CASAMENTO

emprego formal, poderia ficar lá durante a semana até que um deles aparecesse para o turno do fim de semana. A mente do meu pai ainda estava afiada, e nenhum de nós queria que ele ficasse sozinho durante seus últimos dias. O único problema com a decisão que eles tomaram era que eu estava na Califórnia, e o meu pai, em Oklahoma!

TODOS TÊM QUE TOMAR DECISÕES

A vida exige que você tome decisões. É óbvio que há vários níveis de decisões a serem tomadas. Algumas decisões são simples, como qual cereal você vai comer no café da manhã. Outras decisões são um pouco mais complexas, como qual telefone celular ou computador comprar. Além dessas, existem outras decisões que são ainda mais sérias, tais como a compra de um carro ou uma casa. Depois, há decisões sobre como vai educar os filhos (escola ou educação domiciliar), se você deve mudar ou não de igreja, se vai se submeter ou não à quimioterapia, ou algo que abordamos neste livro — se você se submeterá ou não ao seu marido.

Toda e qualquer decisão que você toma, independentemente de seu nível de intensidade, pode ter consequências de longa duração. Se você tivesse que tomar qualquer uma dessas decisões sozinha, isso poderia gerar uma quantidade tremenda de tensão e ansiedade.

Mas louvado seja Deus, porque ele não a deixou sem ajuda! Ele deu a Palavra dele para mostrar a você o caminho como uma lâmpada para os seus pés e luz para o seu caminho (Sl 119.105). Ele também a presenteou com cristãos espiritualmente maduros na sua igreja, que podem fornecer orientação. E, se você for abençoada com cristãos experientes na sua família, você tem um tesouro inerente de sabedoria e amor!

Presumo que você seja casada, porque está lendo um livro sobre oração pelo marido. Se esse for o caso, então Deus também deu a você um marido para ajudá-la a tomar decisões.

ORANDO PELO SEU MARIDO NA TOMADA DE DECISÕES **111**

A propósito, quando fui confrontada com a necessidade de determinar se poderia ou não sair de casa para ficar com o meu pai toda semana, de segunda a sexta-feira, fui imediatamente até Jim para podermos conversar, orar e avaliar a situação. Incrivelmente, enquanto eu oscilava para um lado e para outro sobre ficar longe de Jim, sobre o dinheiro para as viagens aéreas e o que fazer com os meus compromissos, Jim estava firme e totalmente convicto de que isso era algo que eu precisava fazer. Ele disse: "Elizabeth, essa é uma forma de você vivenciar a exortação de Deus para honrar o seu pai e a sua mãe. Você nunca se arrependerá do tempo gasto com os seus pais. As nossas duas filhas estão casadas; então, você não precisa ficar em casa por causa delas. Eu lhe dou o meu apoio nisso e irei com você sempre que eu conseguir escapulir do trabalho".

Nós mal sabíamos que o meu pai viveria — e sofreria — por um ano. Mas, como Jim destacou no nosso processo de tomada de decisão, eu não tenho nenhum arrependimento. Com isso eu era capaz de entrar no avião toda segunda-feira, sabendo, *sabendo* que eu tinha total apoio do meu marido.

CONFIANDO NO SEU MARIDO

Quando você, como esposa, leva preocupações e impasses, problemas e oportunidades ao seu marido no processo de tomada de decisão, você tem a ajuda de um parceiro. Você tem a pessoa de maior importância para você e que a ama mais do que qualquer outra na terra, dando a contribuição dele. Uma vez que você tiver confiado no seu marido para ajudá-la e guiá-la durante o processo e para tomar a decisão final, um grande fardo será tirado dos seus ombros. Você terá paz no seu coração e a sua mente com qualquer decisão que vocês dois tomarem juntos.

Eu sei, por causa da minha correspondência e interação com mulheres ao redor do mundo, que muitas esposas cristãs não confiam no marido ou na capacidade dele para ajudá-las a tomar decisões sábias. Uma mulher casada cristã com alguma maturidade espiritual sabe o que a Bíblia diz sobre a posição do marido como líder no lar, no casamento e na família. Ela também sabe que Deus quer que ela se submeta à liderança do marido. Mas, por qualquer que seja a razão, algumas esposas não têm certeza se podem confiar na capacidade do marido para dar conselhos bons e saudáveis sobre as inúmeras decisões que ela precisa tomar.

Você é uma dessas mulheres? Você está um pouquinho hesitante sobre pedir conselho ao seu marido? Você tem medo do que ele dirá, porque ele não é cristão — ou um cristão não muito maduro? Bem, a esta altura você já sabe qual é a solução para a sua hesitação — a oração. O próximo versículo terá um significado especial para você enquanto ora para que o seu marido tenha sabedoria na tomada de decisões.

Minha oração pelo meu marido

Tiago 1.5

Pai de toda sabedoria, eu oro para que _____ busque a sabedoria que vem da tua Palavra a fim de que ele possa tomar decisões que te honrem e abençoem a nossa família. E, Senhor, eu oro para que, antes do _____ tomar qualquer decisão, ele te pergunte o que deve fazer. Que _____ perceba que tu estás sempre presente para ajudá-lo, pronto a sustentá-lo com sabedoria para cada decisão que ele precise tomar.

Esse conselho de Tiago 1.5 é uma promessa que tem ajudado os filhos de Deus há séculos! E também pode ajudar você e o seu marido. O livro de Tiago foi escrito aos cristãos que foram dispersos por causa de perseguição. Tiago queria encorajá-los nas suas lutas ao enfrentarem provações mesmo enquanto liam essa carta dele! Ele disse como vencer as provações. Eis a boa notícia: os princípios para se tomar qualquer decisão são os mesmos, sejam sobre como reagir às provações sejam sobre o que escolher fazer em uma situação difícil.

O que você pode aprender com Tiago 1.5 e como usá-lo nas suas orações pelo seu marido?

Ore para que o seu marido leve a sério a tomada de decisões — Se algum de vós tem falta de sabedoria... Fazer a escolha certa deveria ser a prioridade número um quando chega o momento de tomar alguma decisão. A Bíblia tem um nome especial para a pessoa que pensa que não precisa de ajuda ao tomar decisões: *O caminho do insensato é correto aos seus próprios olhos, mas quem dá ouvidos ao conselho é sábio* (Pv 12.15).

Pedir e receber ajuda de Deus aumenta as chances de você e o seu marido tomarem uma decisão sábia. Então, o primeiro passo na oração pelo seu marido é orar para que ele entenda que precisa de sabedoria e que leve isso a sério. Ore da mesma forma por você enquanto ora por ele. Ore por sabedoria da sua parte também. Você precisará de sabedoria para dar a sua contribuição de forma graciosa. Ou sabedoria para fazer perguntas sem ameaças e com o respeito que Deus quer que você demonstre a todo momento (cf. Ef 5.33). Ou sabedoria para fazer perguntas sobre o problema em questão. Ou por paciência para observar e orar enquanto o seu parceiro se defronta com a solução.

Você deve estar se perguntando o que pode fazer enquanto ora e espera. Bem, eu levei um bom tempo — e fracassei uma tonelada de vezes —, mas finalmente aprendi algumas coisas

114 O PODER DA ORAÇÃO PELO CASAMENTO

que posso fazer e outras não. Aqui está um pouco do que aprendi (por favor, note a palavrinha "nós"!).

- Faça perguntas que diminuam a ansiedade para juntar informações e descobrir o que o seu marido está pensando. Perguntas como: "Quando nós/você faria isso?"; "Quando isso aconteceria?"; "Nós temos dinheiro para isso?"; "Como pagaríamos por isso?"
- Faça perguntas que apontem para a palavra de Deus. "Como podemos descobrir o que a Bíblia fala sobre isso?"; "Quem nós conhecemos que poderia nos dizer o que a Bíblia fala sobre esse assunto?"
- Faça perguntas que encorajem o seu esposo a conversar com outras pessoas sobre a decisão a ser tomada. "Você conhece algum homem com quem poderia compartilhar isso?"; "Existem homens na igreja com quem você poderia compartilhar essa decisão?"

Com o tempo, Jim e eu aprendemos a esperar, orar, conversar um com o outro e com outras pessoas que podiam dar conselhos sábios. Mais à frente neste capítulo, você verá mais alguns princípios que descobrimos — e, mais uma vez, aprendemos a usar depois de más experiências. Mas um excelente princípio é: Quando estiver em dúvida, não faça.

Ore para que o seu marido não ignore a Deus, a fonte máxima de socorro — ... peça a Deus. É provável que o seu marido perceba a necessidade de discernimento especificamente quanto ao modo de tomar decisões. Contudo, ele pode estar recorrendo a pessoas erradas para obter conselhos. A Bíblia tem algo a dizer a esse respeito: *Quem anda com os sábios será sábio, mas o companheiro dos tolos sofrerá aflição* (Pv 13.20).

É óbvio que pedir a ajuda de Deus é o meio para encontrar auxílio. É como Jesus instruiu os seguidores dele: quem

ORANDO PELO SEU MARIDO NA TOMADA DE DECISÕES **115**

pede recebe, quem busca encontra, quem bate é abençoado (Mt 7.7,8). Leia você mesma: *Pedi, e vos será dado; buscai, e achareis; batei, e a porta vos será aberta. Pois todo o que pede recebe; quem busca, acha; e, ao que bate, a porta será aberta.* Simples assim! Seja qual for a necessidade, a decisão, ore e peça a Deus. Apele para ele atender às suas reais necessidades, dar sabedoria e prover o que for necessário.

Como o seu esposo saberá que conselho Deus tem para ele? Parte das suas orações contínuas pelo seu marido é que ele cresça no conhecimento da palavra de Deus. Ore também para que ele se envolva com os homens da sua igreja. O seu esposo aumentará as chances de tomar decisões destemidas e saudáveis ao contar tanto com o conjunto da maturidade de outros quanto com as instruções que colhe das Escrituras.

Ore para que o seu marido confie no desejo e na capacidade de Deus para suprir todas as suas necessidades — ... que a concede livremente a todos. Deus é a pessoa a quem recorrer quando você e o seu marido precisarem de auxílio. Ele é o provedor de toda sabedoria e discernimento. E Deus nunca se cansa de ouvir as suas orações. Ele nunca se cansa de guiar e dar. Afinal de contas, ele é o Bom Pastor. Ele promete que nada faltará a você e que a guiará nas veredas da justiça (Sl 23.1,3).

Na verdade, Deus dá com liberalidade e *generosidade* (Tg 1.5, NTLH). O fervor de Deus em dar aos filhos dele com fartura é ilustrado na continuação do ensinamento de Jesus em Mateus 7.7,8. Note o que ele acrescentou nos versículos 9-11:

Quem dentre vós, se o filho lhe pedir pão, lhe dará uma pedra? Ou, se lhe pedir peixe, lhe dará uma cobra? Se vós, sendo maus, sabeis dar boas coisas a vossos filhos, quanto mais vosso Pai, que está no céu, dará boas coisas aos que lhe pedirem!

116 O PODER DA ORAÇÃO PELO CASAMENTO

Jesus tranquilizou os seus seguidores quanto ao fato de que, se um pai "humano", sendo mau e pecador, dá boas coisas aos seus filhos, *quanto mais* "Deus" dará a seus filhos que lhe pedirem! E assim nós pedimos, pedimos e pedimos um pouco mais. Então ore — hoje, amanhã e todos os dias. Se o seu marido não estiver orando sobre as decisões que ele tem a tomar, então ore para que ele comece a fazê-lo. Ore com todo o fôlego para que Deus mova o seu marido a se voltar para ele e guiar o seu esposo até pessoas que possa dar conselhos sábios. Deus pode usar as suas orações para realizar tudo isso e levar você e a sua família no caminho certo.

Outro adágio que me ajuda é este: "Dois erros não fazem um acerto". Então, se o seu parceiro não estiver orando sobre as decisões dele (1º erro), você não vai querer deixar de orar (que seria o 2º erro). E assim você precisa orar, não importa o que aconteça. Você continua orando — pedindo, buscando e batendo —, crendo na promessa de Deus de que você receberá, encontrará e Deus abrirá a porta para o coração do seu marido.

Descrevemos algumas formas de você poder conversar com o seu cônjuge e algumas perguntas que você pode fazer sobre as decisões que ele deve tomar (ou tomará). Novamente, grave no seu coração o fato de que dois erros nunca fazem um acerto. A negligência ou o fracasso do seu esposo em tentar tomar decisões sábias com relação a você e à sua família é o primeiro erro. Mas, se você explodir, perder a cabeça, gritar, berrar, tiver um chilique e menosprezar ou criticar o seu marido com dureza, esse definitivamente será o segundo erro.

O seu objetivo ao interagir com o seu marido vem da palavra de Deus: Você deve "andar no Espírito" a fim de produzir o fruto do amor, paciência, benignidade e domínio próprio (Gl 5.16,22,23).

Eis outro objetivo: Seguir os passos da mulher e esposa ideal de Deus como retratado na mulher de Provérbios 31:

ORANDO PELO SEU MARIDO NA TOMADA DE DECISÕES **117**

Abre sua boca com sabedoria, e o ensino da benevolência está na sua língua (v. 26).

É preocupante pensar que as nossas orações são interrompidas quando deixamos de andar no Espírito e, em vez disso, escolhemos pecar. O fervor que Deus tem em dar a sabedoria que o seu parceiro precisa está relacionado ao fervor das suas orações pelo seu cônjuge. Repetindo, é como Tiago escreveu: *A súplica de um*[a] [esposa] *justo*[a] *é muito eficaz* (Tg 5.16).

Ore para que o seu marido conte com o socorro de Deus — ... *sem criticar.* Em resposta à sua oração ou à do seu marido, Deus dá sem criticar ou *lança*[r] *em rosto* (cf. Tg 1.5, ACF). Por mais vezes que você e o seu marido queiram pedir a Deus que lhes dê sabedoria, vocês nunca encontrarão Deus batendo seus dedos divinos na mesa e dizendo: "Vocês de novo! O que fizeram com a sabedoria que eu dei a vocês da última vez? Quando é que vão aprender? Quando é que vão entender? Qual é o problema de vocês?"

Deus não dará uma advertência a você ou ao seu marido por ousarem pedir sabedoria a ele para tomar boas decisões. O nosso Pai celestial não é mesquinho nem nos menosprezará por abusarmos de sua bondade. E, como pudemos perceber, esse versículo de Tiago 1.5 é uma exortação de Deus para fazermos exatamente isso! Nós temos o total apoio dele para as nossas orações por sabedoria.

Tiago disse essencialmente a mesma coisa em Tiago 1.5. Leiamos novamente o texto e demos atenção especial na linha final: *Se algum de vós tem falta de sabedoria, peça a Deus, que a concede livremente a todos sem criticar, e lhe será dada.*

Aqui, Tiago dá confirmação adicional do apoio de Deus. Ele encoraja a oração, tranquilizando-nos de que, quando for necessário ter sabedoria e você e o seu marido orarem, ela *será dada.*

Mesmo com todas essas garantias de que a sabedoria de Deus nos está de fato disponível, ainda cometemos muitas gafes na nossa tomada de decisões. Veja você mesma como até grandes homens da Bíblia tomaram algumas decisões ruins. Você pode até tomar notas, se quiser!

GAFES FAMOSAS NA TOMADA DE DECISÕES NA BÍBLIA

Você consegue imaginar o seu marido acordando amanhã de manhã, espreguiçando-se e dizendo: "Vejamos... quantas decisões erradas eu posso tomar hoje?"; ou: "Quantas decisões eu posso tomar para prejudicar a mim, a minha esposa e a minha família?"; ou: "Quantas decisões eu posso tomar hoje para desonrar a Deus e ser uma afronta pessoal à santidade dele?"

Ainda assim, em muitos casos, é essencialmente isso que acontece quando o seu esposo (e não se esqueça de você!) não leva a sério as decisões que ele tem a tomar, ou quando ele toma decisões sem sequer pensar ou pedir conselho a alguém. E, de maneira muito especial, quando ele não leva as suas opções a Deus por meio da oração e pesquisa na Palavra.

A Bíblia nos mostra muitos exemplos de homens que tomaram decisões medíocres. Você não acha que Deus está tentando dizer algo aos homens? Que você seja fortalecida na sua determinação de orar pelo seu marido ao examinar as consequências dessas más decisões.

Abraão. Este "patriarca da nação dos judeus" pediu à esposa dele, Sara, que mentisse sobre o seu estado conjugal. Por quê? Ele estava receoso. Por *medo*, ele pediu a Sara: *Dize que és minha irmã, para que tudo me corra bem por tua causa e a minha vida seja preservada por amor a ti* (Gn 12.13). Uma grande tragédia foi evitada com a intervenção de Deus para manter os homens do Egito longe de Sara.

Ló. Abraão pediu a Ló, o seu sobrinho, que escolhesse entre o vale do Jordão rico em vegetação e a região montanhosa mais seca, para pastorear seu rebanho. A escolha sensata era óbvia — escolher o vale banhado, certo? Errado! Aquele vale e suas cidades perversas de Sodoma e Gomorra acabaram corrompendo a família de Ló. No final, a decisão de Ló tomada por causa da *ganância* fez que ele perdesse todas as suas posses, a esposa, o respeito e a moralidade de suas duas filhas. Essas consequências somaram um altíssimo preço a ser pago por causa de uma decisão errada (cf. Gn 13.10-13; 19).

Moisés. O líder escolhido por Deus, Moisés, cometeu muitas gafes ao tomar decisões. A primeira aconteceu quando ele ainda era um príncipe no Egito. Foi uma decisão movida por *orgulho.* Moisés, pensando que Deus quisesse que ele fosse o líder do povo judeu, quis resolver as coisas com as próprias mãos e matou um egípcio (Êx 2.11-15). É certo que em algum momento essa seria a decisão de Deus para Moisés... mas, dentro do tempo de Deus, isso aconteceria somente quarenta anos mais tarde!

A segunda gafe ocorreu enquanto Moisés liderava dois milhões de pessoas sedentas através do deserto durante uma jornada de quarenta anos. Deus lhe ordenou: *Falareis à rocha diante do povo, para que ela dê suas águas. Tirarás água da rocha* (Nm 20.8). No entanto, movido por ira pela atitude rebelde e queixosa do povo, Moisés escolheu bater na pedra — não apenas uma vez, mas duas (v. 10,11). Essa decisão errada tomada com *ira* custou a Moisés o privilégio de entrar na Terra Prometida (v. 12).

Davi. Este segundo rei de Israel escolheu cometer adultério — uma decisão movida pela *luxúria.* Então, quando não conseguiu encobrir seu pecado, ele decidiu assassinar o marido de Bate-Seba, a mulher que havia cobiçado (2Sm 11).

120   O PODER DA ORAÇÃO PELO CASAMENTO

Estou certa de que você consegue ver a imagem com muita nitidez. Uma única decisão errada pode levar ao pecado e mudar o rumo da sua vida para sempre, e isso também se aplica ao seu marido. As decisões que esses homens tomaram foram baseadas no medo, na ganância, na ira e na luxúria.

PALAVRAS DE CONSELHO

Ao olharmos para trás, Jim e eu percebemos que muitas vezes aprendemos do modo mais difícil que, quando não orávamos, não consultávamos um ao outro, não buscávamos a sabedoria de Deus ou não pedíamos conselhos de pessoas tementes a Deus, quase sempre tomávamos decisões ruins, erradas ou de qualidade inferior. Então, falando por experiência pessoal, quero dar a você alguns princípios básicos para tomar decisões. Esses princípios se tornaram motes pessoais que nós usamos para nos fazer lembrar de orar *antes* de tomarmos decisões.

- Nenhuma decisão é tomada sem oração. (Fp 4.6,7)
- Quando estiver com dúvida, não faça. (Rm 14.23)
- Sempre pergunte: "O que a Bíblia diz?" (Jo 17.17)
- Sempre faça o que você sabe ser o certo. (Tg 4.14)
- Não permita que o medo a influencie. (1Jo 4.18)

FAZENDO A SUA PARTE POR MEIO DA ORAÇÃO

Essas ilustrações bíblicas são preocupantes, não são? Nós somos tão capazes de tomar o mesmo tipo de decisões erradas quanto tantos outros tomaram ao longo do tempo. Na verdade, é provável que já tenhamos feito algumas escolhas realmente ruins! Mas isso não significa que tudo esteja perdido. Você pode auxiliar o seu marido — e você mesma! — nessa área de tomar decisões melhores. Como?

Ore, agradecendo a Deus pelo perdão que ele dá. Se você for uma filha de Deus como Davi e todos os outros que pecaram

ORANDO PELO SEU MARIDO NA TOMADA DE DECISÕES **121**

e tomaram más decisões, a graça de Deus é suficiente. Em 1João 1.9, Deus nos diz exatamente o que fazer depois de falharmos: *Se confessarmos os nossos pecados, ele é fiel e justo para nos perdoar os pecados e nos purificar de toda injustiça.* Deus sabe que você e o seu marido são pecadores salvos pela graça dele. Ele não pede que vocês dois sejam perfeitos; pede apenas que progridam. Aprenda com toda decisão errada e ore por sabedoria para não fazer o mesmo outra vez.

Ore para que o seu marido examine os motivos dele. É muito elucidativo quando você e o seu marido analisam o que os está motivando a tomar a próxima decisão. Essa decisão não está sendo tomada no vazio. Sempre há algo que está impulsionando você e o seu esposo a quererem fazer o que desejam.

Ore para que o seu marido busque sabedoria na Bíblia. Mais uma vez, ore para que o seu marido adquira o hábito de perguntar: "O que a Bíblia diz sobre esta decisão que precisamos tomar ou estamos prestes a tomar?" Ore para que ele adote a Bíblia como padrão para as decisões dele.

Ore para que o seu marido encontre algum orientador ou conselheiro sábio. A sabedoria é contagiosa. Se o seu marido gastar tempo com homens cristãos maduros, ele será exposto aos bons exemplos deles. Ele estará inserido num corpo de conselheiros que pode ajudá-lo — *Porque podes fazer a guerra com conselhos prudentes; e a vitória está na multidão de conselheiros* (Pv 24.6).

Ore para que o seu marido desenvolva paciência. Não sei quanto a você, mas, quando tomo decisões rápidas, apressadas ou forçadas, elas costumam acabar sendo ruins. É aí que a oração vem para resgatar você e o seu esposo. Como? A oração faz você esperar. Ela desacelera você. Ela freia a ansiedade. A paciência na oração também dá tempo para verdades e opções virem à tona enquanto você se move em direção a uma decisão. A oração reconhece a sua dependência de Deus e faz você se lembrar do poder e da provisão dele, junto com a disposição que ele tem para fornecer a sabedoria de que você precisa. A oração revela as motivações quando Deus sonda o seu coração. A oração revelará se você ou o seu marido estão tomando uma decisão baseados no que é mundano, motivados por pressão do grupo, medo, ganância ou preguiça.

Uma oração do coração de Paulo

Efésios 1.15-17

Eu [...] *não cesso de dar graças por vós, lembrando-me de vós nas minhas orações, para que o Deus de nosso Senhor Jesus Cristo, o Pai da glória, vos dê o espírito de sabedoria e de revelação no pleno conhecimento dele.*

CAPÍTULO OITO

Orando pela saúde
do seu marido

> Ou não sabeis que o vosso corpo é santuário
> do Espírito Santo, que habita em vós, o qual
> tendes da parte de Deus, e que não sois de vós
> mesmos? Pois fostes comprados por preço; por isso,
> glorificai a Deus no vosso corpo.
> 1CORÍNTIOS 6.19,20

Que pensamentos podem vir à sua mente quando, a mais de 10.500 metros do chão, a pessoa sentada ao seu lado no avião começa a convulsionar? Lamentavelmente, eu posso responder a essa pergunta. Independentemente de quem seja essa pessoa, você resiste ao seu próprio pânico e freneticamente aperta sem parar o botão para chamar o comissário de bordo e convoca aqueles que estão próximos a você para ajudarem! Você se pergunta: "Onde estão esses comissários quando a gente precisa?" Então, você se dá conta de que se passaram apenas dois segundos! Para tornar as coisas ainda mais desesperadoras, a pessoa ao seu lado é o seu marido! Pense numa forma segura para arruinar o fim das suas férias — que até este momento tinham sido absolutamente perfeitas!

Bem, nem preciso mencionar que fiquei arrasada. Fiz o que eu precisava fazer — somente pela graça de Deus. Toda força, controle e clareza de raciocínio que eu possuía foram extraídos unicamente da graça abundante de Deus. O incidente de Jim não durou muito e uma comissária chegou imediatamente. E, louvado seja Deus, meu marido parecia estar bem depois de sair da convulsão.

Felizmente, a minha história teve um final feliz. Jim não teve um ataque epilético nem um ataque cardíaco. Depois de finalmente convencer a tripulação de que não seria necessário pedir uma cadeira de rodas e uma ambulância quando pousássemos, nós caminhamos devagar até o próximo portão e pegamos o voo final para casa (Ah, obrigada, Senhor, pelo meu lar, doce lar!).

No entanto, nos meses que se seguiram e depois de muitos exames médicos, chegou-se à conclusão de que o coração de Jim estava lentamente desacelerando. Ele precisava de um marca-passo que ajudaria fornecendo um pequeno choque toda vez que o coração dele quisesse desacelerar demais. Esse pequeno choque faria que menos sangue fosse enviado ao cérebro, que foi a causa da convulsão que ele havia tido no avião.

Toda mulher casada, por tanto tempo que seja, enfrenta ou enfrentará uma experiência semelhante à minha. Espera-se que não aconteça dentro de um avião! A preocupação, infelizmente, parece ser uma das maneiras mais consagradas como nós, esposas, lidamos com os problemas de saúde do nosso cônjuge. Por já ter conversado com mulheres do mundo inteiro, eu diria que os problemas de saúde estão no topo ou bem próximos a ele na lista de preocupações da maior parte das esposas com seu marido, incluindo o meu.

Mas há épocas de pouca ou nenhuma apreensão com a saúde. Se você e o seu marido forem um casal de jovens, vocês podem parecer invencíveis. Louvem a Deus pela sua vida e saúde enquanto são jovens! Por favor, desfrutem de cada minuto de tal vitalidade despreocupada e energia sem fim. Sempre me lembro dos dias gloriosos quando Jim e eu tínhamos aparentemente energia e capacidades ilimitadas com um sorriso no rosto. Nós acampávamos, velejávamos, fazíamos esqui aquático e até esqui na neve de vez em quando. Também fazíamos escaladas e corríamos. Um ano, Jim levou um grupo de alunos do seminário a Israel e, em vez de pegar o bonde para chegar ao topo do penhasco de Massada (que em hebraico significa "Fortaleza"), nós dois percorremos a pé os 400 metros de montanha acima. Ah, e quando éramos recém-casados, subimos os quase novecentos degraus do Monumento a Washington, na cidade de Washington, para não termos de pagar a taxa de 25 centavos de dólar para pegar o elevador. (Não estou muito certa se realmente me orgulho dessa decisão.)

Mas, com o passar do tempo, problemas de saúde reais e em potencial começarão a tomar conta do cenário. O tempo e os aniversários que passam voando se tornarão alertas periódicos para começar a prestar mais atenção à sua saúde. Então, chegará o momento de tomar juízo e fazer algo a respeito de qualquer mau hábito que esteja trazendo efeitos negativos ao seu corpo e ao seu estilo de vida.

VOCÊ TEM DUAS OPÇÕES

Ao trazer à memória a situação de Jim e pensar em todos os receios e problemas de saúde que uma esposa pode ter de enfrentar no que diz respeito à saúde do marido, vejo duas opções: podemos nos preocupar ou podemos orar. E é exatamente sobre isso que temos falado até então neste livro!

Mesmo que esteja orando mais e se inquietando menos, não significa que você não esteja preocupada com o seu marido. Na verdade, como temos enfatizado neste livro, você está tão aflita que está recorrendo à maior autoridade possível para fazer o seu apelo — seu Pai celestial que tem todo o poder, toda a força, o Médico dos médicos, aquele que se importa com você e o seu cônjuge mais do que ninguém.

Aqui está outro princípio: você pode se preocupar com a saúde do seu parceiro ou pode fazer algo fisicamente a esse respeito. Você pode fazer a sua parte! Você pode fazer o que estiver ao seu alcance. Não há necessidade de resmungar. Em silêncio — e em oração —, apenas coloque a saúde dele no topo da sua lista de afazeres. Arregace as mangas e faça uma mágica alimentar!

É óbvio que há muitas coisas práticas que você pode fazer como esposa para contribuir para a saúde do seu marido. Você pode garantir que os alimentos que ele come em casa sejam saudáveis. Você pode planejar e preparar refeições, lanches e sanduíches que forneçam energia para ele trabalhar sem calorias indesejáveis e ingredientes nocivos à saúde. Você pode armazenar aperitivos que sejam bons para a sua família. Vocês também podem, como casal, praticar juntos algum tipo de exercício.

Estou certa de que nada disso é novidade para você, mas, como mulher que se importa com o seu esposo mais do que qualquer outra pessoa na terra, você pode decidir ser proativa. Você pode ler e estudar sobre saúde, pode conversar com outras pessoas que saibam mais sobre nutrição do que você. Pode até fazer aulas de culinária que ensinam meios inovadores ou melhores de cozinhar para o bem da sua saúde. Pode fazer a sua lista de compras tendo em mente o coração, o peso, os músculos e a saúde do seu marido.

DEUS SE PREOCUPA COM TODAS AS ÁREAS DA SUA VIDA

Na Bíblia, há muitas páginas e textos que tratam de saúde e de uma vida saudável. Por exemplo: logo depois que os filhos de Israel fugiram do Egito, Deus instruiu Moisés sobre o estabelecimento de sacerdotes e da adoração do povo (Lv 1—10). Então, nos próximos cinco capítulos (11—15), lemos sobre a preocupação de Deus com a saúde, a higiene e a dieta do povo.

É óbvio que alguns regulamentos de Deus tinham como intenção marcar os israelitas como sendo diferentes dos povos pagãos e perversos que os cercavam. Entretanto, essas leis e regulamentos também foram dados para a saúde e proteção do povo. As diretrizes e restrições de Deus sobre o consumo de alimentos ajudou os israelitas a evitarem doenças que eram sérias ameaças naquele tempo e lugar. Ainda que o povo não entendesse medicinalmente por que Deus fez essas restrições, a obediência dele o fez mais saudável e, em muitos casos, o manteve vivo.

Deus foi extremamente rigoroso ao descrever em minúcias como identificar e diagnosticar infecções e doenças de pele, como lepra, e como impedir que se espalhassem. Ele instruiu os israelitas com relação a quais alimentos comer e quais evitar. Muito tempo antes de alguém saber sobre o prejuízo de comer carnes cruas, Deus propôs regulamentos e instruções para cozinhar a comida de maneira adequada.

Deus forneceu tanto instruções com relação à saúde quanto a respeito do sacerdócio e da adoração. Por que ele faria isso? Porque Deus se interessa pela pessoa como um todo. Ele se preocupa com a saúde física tanto quanto com a saúde espiritual e moral de seu povo.

ORE COM UMA PERSPECTIVA ETERNA

Assim como Deus se importou com o bem-estar de Israel, nós também precisamos cuidar da nossa saúde física e vigiá-la. E, como Deus, também precisamos enxergar a nossa saúde com uma perspectiva eterna.

Reflita sobre isto: Você já se deu conta de que os cristãos são *concidadãos dos santos e membros da família de Deus* (Ef 2.19)? Com essa cidadania, deveria vir a compreensão de que este mundo não é o nosso lar. Somos estrangeiros, peregrinos, forasteiros, estamos em jornada (1Pe 2.11) e *aguardamos um Salvador, o Senhor Jesus Cristo* (Fp 3.20).

Então, de certo modo, a nossa saúde física, ainda que seja uma preocupação, é de fato uma preocupação secundária. Isso não quer dizer que não devemos orar pela saúde dos outros, especialmente do nosso cônjuge. Mas significa que precisamos prestar mais atenção ao desenvolvimento de uma perspectiva eterna. Temos que orar por questões além das físicas e *buscar as coisas de cima, onde Cristo está assentado à direita de Deus. Pensai nas coisas de cima e não nas que são da terra* (Cl 3.1,2).

Um lugar onde temos uma indicação de como deveríamos abordar a questão de orar pela saúde do nosso cônjuge se encontra em 3João 2. O apóstolo João escreveu: *Amado, desejo que sejas bem-sucedido em todas as coisas e que tenhas saúde, assim como a tua alma vai bem.* João conhecia a natureza excelente de seu amigo Gaio e por isso estava orando para que a saúde física de Gaio correspondesse à vitalidade espiritual dele. Tendo em mente a perspectiva celestial e espiritual de Deus, temos aqui o texto bíblico e uma oração que ajudará você a manter esse equilíbrio ao orar. Dedique um minuto para ler os versículos no início deste capítulo — use-os para elevar a Deus uma oração pela saúde do seu marido.

Minha oração *pelo meu* marido

1Coríntios 6.19,20

Pai, minha oração é que _____ entenda que o corpo dele é teu templo e que o Espírito Santo agora vive dentro dele. Ajuda _____ a compreender que um alto preço foi pago pelo relacionamento pessoal dele contigo. Trabalha no coração e na vida de _____. Faze que ele deseje se esforçar ao máximo para te honrar com o corpo dele.

Descortinando os versículos — O que isso quer dizer?

Ao ler esses versículos, perceba que eles são um chamado a uma vida de santidade. Os cristãos em Corinto estavam vivendo em um lugar realmente terrível. A cidade e a adoração giravam em torno do templo de Afrodite, a deusa grega do amor. Esse templo tinha mais de mil sacerdotisas que na verdade eram prostitutas cultuais. Não é de admirar que essa cidade fosse tão corrupta moralmente a ponto de seu próprio nome se tornar sinônimo de devassidão e depravação moral.

Mas há uma boa notícia! Paulo escreveu essa carta aos coríntios para convencer os cristãos de sua necessidade de assumir uma nova mentalidade e das razões por que eles deveriam ter um estilo de vida diferente daqueles que os rodeavam. O que Paulo escreveu a esses irmãos se traduz em princípios que você pode usar nas suas orações pelo seu esposo — e por você mesma, é claro!

A função do corpo do seu marido — ... santuário do Espírito Santo. No Antigo Testamento, a presença de Deus habitou primeiramente no tabernáculo e depois no templo de Salomão. Judeus vinham de todos os lugares do mundo conhecido para adorar a Deus no templo. Assim como os adoradores tinham que se aproximar do templo com honra e respeito no Antigo Testamento, Paulo escreveu a seus leitores para informá-los de que, sendo cristãos, eles tinham que honrar e respeitar o corpo, no qual o Espírito de Cristo residia. Ele começou perguntando: *Ou não sabeis que o vosso corpo é santuário do Espírito Santo...?*

Como crente em Cristo, o corpo do seu esposo é o lugar especial da habitação de Deus. Portanto, você deveria orar para que o seu marido deseje fazer todo o necessário para cuidar do corpo dele — que é templo de Deus.

O habitante do corpo do seu marido — o vosso corpo é santuário do Espírito Santo, que habita em vós, o qual tendes da parte de Deus. Aqui, a ênfase de Paulo está na habitação do Espírito Santo: ele está em você e é um dom de Deus. Assim como a salvação, o poder do Espírito Santo é necessário para viver a vida cristã e é um presente de Deus.

E assim você ora, com certeza por você mesma, mas também pelo seu amado. Quando orar, peça para Deus fazer o seu marido perceber e entender que o corpo *dele* é templo do Espírito Santo, que o Espírito Santo habita *nele* e que *ele* precisa se render ao Espírito para que o Espírito possa trabalhar *nele*.

Eis algo a ser observado: O contexto de 1Coríntios 6.15-18 se refere ao pecado sexual. Quando você ora pelo corpo do seu cônjuge como templo do Espírito Santo, está orando para que ele resista à tentação sexual, assim como à tentação de abusar do corpo dele com comilanças, drogas e até tensão excessiva por causa do trabalho.

O proprietário do corpo do seu marido — ... não sois de vós mesmos? Pois fostes comprados por preço. Aqui, Paulo usou uma ilustração que vinha da prática de comprar e vender pessoas no mercado de escravos. Paulo se referiu ao próprio Cristo nos comprando do mercado de escravos do pecado com a morte dele na cruz! Quando (e se) o seu esposo aceitou a Jesus, quer compreenda quer não, ele renunciou a todos os direitos pessoais que tinha sobre seu corpo. O corpo dele foi comprado com a morte de Jesus e agora pertence ao Senhor. Paulo expressou essa verdade desta forma: *Portanto, não sou mais eu quem vive, mas é Cristo quem vive em mim. E essa vida que vivo agora no corpo, vivo pela fé no Filho de Deus, que me amou e se entregou por mim* (Gl 2.20). É por isso, minha amiga intercessora, que você está orando com diligência pelo seu marido.

O propósito do corpo do seu marido — ... glorificai a Deus no vosso corpo. Essa declaração é uma ordem urgente, não uma opção. A disposição do seu esposo em fazer a parte de Deus realiza o propósito supremo para a existência dele — glorificar a Deus. Esta não será a única vez em que você usará, nas suas orações, versículos que se concentram no desejo de Deus de que as ações do seu esposo glorifiquem ao Senhor. Aqui, com esses versículos, você está pedindo para Deus trabalhar na vida do seu cônjuge de modo que traga glória à pessoa de Deus, que é o único digno da obediência e adoração do seu marido.

ORANDO PELA SAÚDE DO SEU MARIDO

Agora que eu e você temos melhor compreensão de que esses versículos implicam, podemos orar melhor pelo nosso marido. Ao ler esses versículos de 1Coríntios 6.19,20, estou aplicando-os tanto a mim quanto ao Jim: Nosso corpo, como marido e mulher, pertence a Deus e deve ser mantido puro,

132 O PODER DA ORAÇÃO PELO CASAMENTO

governado e usado por Deus, e não por nós mesmos. Nosso corpo físico tem como intuito o serviço, não o pecado.

Então, não estou orando apenas pelo Jim, mas também por mim mesma — e você deveria fazer o mesmo por você e pelo seu esposo.

Sim, é incontestável o fato de que a nossa carne está corrompida pelo pecado e é um campo de batalha da vida espiritual. Mas, com a habitação do Espírito Santo, o corpo do seu cônjuge pode ser um belo instrumento de justiça.

Você está se perguntando: "Como pode ser? Como isso pode acontecer? E o que eu posso fazer para ajudar que isso aconteça?" Em última instância, a função da habitação do Espírito Santo é santificar o seu cônjuge, torná-lo consciente do pecado e mais sensível a ele. Isso significa que, como esposa, não é sua tarefa causar ou promover o crescimento espiritual do seu marido e protegê-lo da tentação em todas as frentes. Mas sua incumbência e privilégio é fazer a sua parte orando sempre, de modo constante, frequente, com fervor, a todo momento e sem cessar.[1]

Aqui vai uma contribuição sobre como você pode orar pelo corpo do seu marido e as batalhas dele:

Ore pela saúde física do seu marido — Paulo declarou: *Pelo contrário, aplico socos no meu corpo e o torno meu escravo, para que [...] eu mesmo não venha a ser reprovado* (1Co 9.27). A disciplina de Paulo era um objetivo — ele queria agradar a Deus. Ele sabia que, se fosse desqualificado fisicamente, a sua vida e seu ministério seriam afetados.

Disciplina física significa comer com sensatez, escolher alimentos saudáveis e observar como a comida que consumimos afeta a nossa energia (e até a nossa cintura!). Também significa fazer exercícios para obter saúde e resistência.

---

[1] Efésios 6.18; Filipenses 1.4; 1Tessalonicenses 5.17; 2Tessalonicenses 1.11.

ORANDO PELA SAÚDE DO SEU MARIDO **133**

É como Paulo escreveu a Timóteo: *Pois o exercício físico é proveitoso para pouca coisa* (1Tm 4.8). Gosto do que George Müller disse: "Eu não posso cuidar da minha alma, isso fica para Deus; mas do meu corpo eu devo cuidar".[2] Como esposa, você não consegue vigiar cada bocado de comida que o seu marido coloca na boca e não pode ser a *personal trainer* dele. Mas pode vigiar o seu próprio peso, colocar refeições saudáveis à mesa e até sugerir que ambos façam uma caminhada pelo bairro à noite. Se você tem filhos, leve-os com vocês! Será uma grande diversão em família.

Ore pela saúde espiritual do seu marido. À primeira vista, você pode estar se perguntando como a oração pela saúde *espiritual* do seu esposo afeta o corpo *físico* dele. É óbvio que você deve orar para o seu parceiro resistir à tentação, que é uma disciplina espiritual. E você precisa orar para que ele leia e estude a Bíblia, o que também é uma disciplina espiritual.

É útil também lembrar que o fruto do Espírito inclui o "domínio próprio" (Gl 5.23). Isso significa que, ao orar pela disciplina espiritual do seu cônjuge, você poderia orar para que ele diga "não" àquele segundo ou terceiro pedaço de torta!

Existe um elemento adicional da disciplina espiritual que costuma ser esquecido: você precisa orar para que, quando o seu marido pecar, ele seja rápido em reconhecê-lo. A confissão de pecados é outra disciplina espiritual vital para o bem-estar do seu esposo. A Bíblia está repleta de exemplos em que o corpo físico é afetado por causa da falha em admitir o pecado. Leia o texto em que Davi dá um testemunho vívido do que aconteceu ao corpo dele quando deixou de reconhecer o pecado que havia cometido: *Enquanto me calei, meus ossos se consumiam de tanto gemer o dia todo. Porque tua mão*

---

[2] GEORGE Müller, conforme citado em MOODY, D. L. *Notes from My Bible.* Grand Rapids: Baker, 1979, p. 159.

pesava sobre mim de dia e de noite; meu vigor se esgotou como no calor da seca (Sl 32.3,4).

Note agora a firme decisão de Davi para confessar o seu pecado a Deus: *Confessei-te meu pecado e não encobri minha culpa. Eu disse: Confessarei as minhas transgressões ao* SENHOR; *e tu perdoaste a culpa do meu pecado* (v. 5).

E o resultado? Perceba a mudança no coração e na fala de Davi depois de ter dito: *Confessarei as minhas transgressões ao* SENHOR.

> *Alegrai-vos no* SENHOR *e regozijai-vos, ó justos; cantai de júbilo, todos vós que sois retos de coração* (v. 11).

E assim você ora! Faça uma oração expressando o seu compromisso com Deus para se tornar uma guerreira de oração a favor do seu marido. Eu também transcrevi pessoalmente um compromisso com Deus. Ore por mais disciplina física e espiritual em vocês dois. Cuidando da sua saúde e fazendo mudanças na sua vida diária, vocês terão maior vitalidade física que abastece a vida espiritual — e o plano que Deus tem em mente para cada um de vocês. Que glória há de ser!

O QUE VOCÊ PODE FAZER ALÉM DE ORAR?

Seja uma influência positiva. É assustador — e bom — o fato de nós, como esposas, podermos ser uma influência negativa ou positiva sobre o nosso cônjuge no que diz respeito à saúde. Então, ore. Ore para ser uma influência positiva.

E você não precisa fazer um escândalo ou uma grande revolução — nem sequer dizer uma palavra! — para fazer a diferença. Você pode, sem dizer uma palavra, usar o domínio próprio no que diz respeito aos seus hábitos alimentares. Você pode, sem dizer uma palavra, ajudar o seu marido com o problema de peso decidindo não tentá-lo com uma cozinha cheia de salgadinhos e doces. Você pode, sem dizer uma palavra — e com um pouco de esforço — cozinhar para evitar ao máximo comer fora de casa. Você economizará muito dinheiro e, ao mesmo tempo, controlará os tipos e porções de comida que vocês dois ingerem.

Seja uma guerreira de oração, não de discussão. É provável que eu diga isso mais de uma vez neste livro, mas vale a pena repetir. Você pode se ocupar de ficar se lamuriando, chateando e rodeando o seu marido ou agir como mãe dele sobre hábitos alimentares e a falta de exercícios... Ou você pode orar. E um bom momento para orar pela saúde é durante o café, o almoço e o jantar. Isso não quer dizer que você não pode fazer a sua parte para ser a auxiliadora do seu esposo (cf. Gn 2.18), mas, assim como nas outras áreas em que você está orando por ele, em última instância, você deve pôr a saúde dele nas mãos de Deus.

Uma palavra do coração de Paulo para ser usada como oração

Filipenses 4.6,7

Não andeis ansiosos por coisa alguma; pelo contrário, sejam os vossos pedidos plenamente conhecidos diante de Deus por meio de oração e súplica com ações de graças; e a paz de Deus, que ultrapassa todo entendimento, guardará o vosso coração e os vossos pensamentos em Cristo Jesus.

CAPÍTULO NOVE

Orando pelo seu marido no uso do tempo

Portanto, estai atentos para que o vosso procedimento não seja de tolos, mas de sábios, aproveitando bem cada oportunidade, porque os dias são maus. Por isso, não sejais insensatos, mas entendei qual é a vontade do Senhor.

ÉFÉSIOS 5.15-17

Sendo uma mulher ocupada, a sua tendência natural provavelmente é de levantar correndo ao som do despertador a cada manhã (como eu faço!). Para muitas mulheres, a rotina diária também inclui pegar a estrada em algum momento para trabalhar, levar as crianças para a escola ou fazer 1.001 idas e vindas de carro. Ao primeiro som do despertador (ou do bebê chorando!), você se sente frequentemente tentada a se lamentar: "Ai, não, mais um dia! Eu tenho tanta coisa pra fazer! Nunca vou conseguir fazer tudo". O toque do seu despertador faz você lembrar (mais uma vez, somente para o caso de ter se esquecido) que tem de enfrentar uma vida repleta e transbordante de responsabilidades e uma escassez de tempo para fazer tudo isso acontecer.

Bem, se isso serve de encorajamento para você, a maioria das pessoas enfrenta o mesmo dilema quando começa cada dia. Elas também têm apenas 24 horas, 1.440 minutos, ou 86.400 segundos em cada um dos dias. E elas também estão sobrecarregadas de coisas que precisam ser feitas antes que o dia acabe.

Tempo. É diferente de tudo. Você não pode produzir mais tempo. Você não pode estocá-lo. Não pode recuperá-lo. Uma vez que o tempo passa, ele vai embora para sempre. Deus criou o tempo, o que significa que todo ser criado está sujeito a esse tempo. Somente Deus existe fora do tempo.

Então, como você — e o seu marido — pode conseguir mais tempo? Como vocês dois formam um casal, eu só consigo pensar em duas formas seguras de conseguir mais tempo:

- Em primeiro lugar, você pode orar e prestar mais atenção *ao uso do seu tempo* e trabalhar para se tornar uma melhor administradora do tempo.
- Em segundo lugar, você pode orar pela *forma segundo a qual o seu marido usa o tempo dele* e para que ele se torne um melhor administrador do tempo.

Afinal de contas, vocês são dois e vão trabalhar um *com* o outro ou um *contra* o outro, dependendo de como cada um de vocês enxerga o tempo e lida com ele.

Então, você deve estar se perguntando: "De que forma orar pelo meu marido e o tempo dele me ajuda com o meu tempo?" Que bom que você perguntou!

ORANDO PELO TEMPO DO SEU MARIDO

Como você e o seu marido sendo "uma só carne" formam uma equipe, o ideal é que vocês dois tenham o potencial de realizar duas vezes mais trabalhando juntos para alcançar objetivos comuns ou objetivos que os dois estabeleçam para si. Isso é o que Salomão sugeriu em Eclesiastes 4.9. Ele escreveu: *Melhor é serem dois do que um, porque têm melhor recompensa do seu trabalho.*

Perceba que eu disse que seria o "ideal". Lamentavelmente, vivemos em um mundo imperfeito e talvez vocês dois não estejam agindo como um. Talvez pareça que um dos dois não está arcando com a sua parte da carga — ou está puxando na direção oposta, em direção a um objetivo contrário.

Esses propósitos conflitantes podem ser contraproducentes e fazer que você sinta como se estivesse enterrada sob uma pilha de coisas sem nenhuma saída e sem ninguém para ajudar. Administrar tanta responsabilidade sem ajuda pode fazer que você fique ansiosa, desista ou se ressinta com o seu marido. Você chega ao ponto de simplesmente não conseguir enxergar como algum dia vai dar conta de tantas obrigações, especialmente sem o auxílio do seu marido. Talvez você se surpreenda pensando: "Se pelo menos o meu marido colaborasse e me emprestasse algumas horas, minutos, segundos e os músculos dele para finalizar as coisas prioritárias que eu tenho para resolver hoje!"

Tendo isso em mente, você tem algumas escolhas a fazer. Você pode se queixar, fazer birra, endurecer o coração, ficar ressentida com o seu marido... ou pode orar por compreensão por parte do seu amado em como ele usa o tempo dele não apenas para auxiliá-la, mas para movê-lo em direção ao cumprimento dos propósitos que Deus tem para ele, além de dar uma contribuição mais expressiva ao mundo.

Como esposa que quer fazer tudo para a glória de Deus, você deve descartar e se livrar de qualquer reação negativa, carnal, e, em vez disso, orar. Quando faz isso, está colocando o problema no lugar certo — nas mãos de Deus. E, enquanto ora pelo seu marido, dê o próximo passo e peça ajuda de Deus para você — para se tornar uma administradora mais sensata do seu tempo, quem sabe até excelente!

Orando pelo uso do tempo do seu marido

Antes de mergulharmos na próxima oração retirada de Efésios 5.15-17, não deixe de ler esses versículos na Bíblia. Ou você pode lê-los na primeira página deste capítulo.

Ao continuar a sua leitura, tenha em mente que a mensagem nesses dois versículos teve origem no apelo de Paulo de que os crentes em Cristo sejam *imitadores de Deus, como filhos amados* (v. 1). Você e o seu marido têm um chamado nobre para viver e agir de forma piedosa. Para imitar e refletir Deus, vocês devem "andar" e viver da maneira que o agrade. E é claro que você vai querer orar para que o seu esposo também viva de modo sábio.

Minha oração pelo meu marido

Efésios 5.15-17

*P*ai eterno de todas as eras, minha oração é que _____ olhe com atenção para este dia e faça uso com sabedoria do tempo que ele tem. Tua palavra diz que este mundo é mau e oferece oportunidades para se tomar decisões insensatas quase a todo minuto!

Senhor, tu me deste e ao _____ este dia precioso. Guia _____ e a mim para hoje entendermos juntos qual é a tua vontade para nós neste momento.

ORANDO PELO SEU MARIDO NO USO DO TEMPO **141**

Agora, o que envolve viver com sabedoria? E como isso afeta o modo de o seu marido usar o tempo que tem? E, afinal de contas, que diferença faz como o tempo é usado? *Viver com sabedoria economiza tempo* — ... *Portanto, vede prudentemente como andais, não como néscios, e sim como sábios* (v. 15). "Prudentemente" significa ser cuidadoso, rigoroso e sensato. Quando somos cuidadosas e temos uma razão para o que fazemos e para o que não fazemos — e como gastamos ou não o nosso tempo —, cometemos menos erros e desperdiçamos menos tempo, o que economiza tempo e realiza muito mais coisas!

Conheço esse princípio muito bem. Infelizmente, aprendi da maneira mais difícil. Quando eu era uma jovem mãe de duas meninas nascidas num intervalo de um ano e um mês, tinha muito trabalho. Sempre havia alguma sujeira para limpar, uma briga para apartar, outro lote de roupas sujas para lavar. Todos os dias eu trabalhava até a exaustão — e toda noite caía na cama desmaiada.

Então, chegou o glorioso dia em que as duas meninas entraram para a escola. Viva! Eu estava livre! Finalmente eu poderia me sentar com as pernas para cima e realmente desfrutar de uma xícara de chocolate quente — e assistir aos programas de entrevista da manhã, passar horas lendo, tirar uma soneca — ou duas. Então, opa — quase me esqueci! Estava na hora de correr e pegar as meninas na escola, fazer compras, voltar correndo para casa e preparar alguma coisa rápida para quando Jim chegasse em casa para o jantar. Que pena que eu me esqueci de me apressar para fazer as camas antes de todos chegarem em casa!

Eu era a pessoa "tola" ou "insensata" que desperdiçava o meu tempo. Eu o gastava sem disciplina. Passava dias e semanas sem planejamento — e mostrando pouco ou nada pelos meus esforços. Nunca pensava em passar uma parte do meu

142 O PODER DA ORAÇÃO PELO CASAMENTO

tempo orando pelas pessoas da igreja que estavam sofrendo. Eu poderia ter me oferecido para preparar e levar refeições para mães de bebês recém-nascidos ou para alguém que estivesse em tratamento de câncer que precisasse de alimentação especial. Poderia usar meu carro para levar idosos a consultas médicas. Poderia até ter trabalhado em alguns objetivos de vida, se tivesse algum! A lista de coisas que eu "poderia" ter feito era enorme.

Mas, louvado seja Deus, porque ele fez cruzar o meu caminho uma orientadora que era *expert* em administração do tempo. Usando a Bíblia, dicas práticas e compartilhando o que ela havia aprendido, o meu coração sofreu uma reviravolta até que cada minuto fosse percebido como presente de Deus — e algo a ser administrado por mim. Comecei a valorizar o tempo, a programar e me apropriar dele com atenção, a agir com base em uma agenda fundamentada em prioridades, na esperança de que fossem as prioridades de Deus. Em resumo, aprendi a andar prudentemente, não como uma mulher tola, mas sensata.

No meu casamento, o meu marido sempre foi e ainda é o mestre da administração do tempo. Ele era famoso e alvo de inocentes gracejos da liderança da nossa igreja por nunca ir a lugar algum sem sua agenda de cinco centímetros de grossura. Ele gerenciava não apenas a nossa casa, a nossa família e as nossas finanças com aquele caderno mágico, mas também cuidava de suas muitas responsabilidades ministeriais.

Espero que isso se aplique ao seu cônjuge, que ele já tenha consciência do tempo e esteja aprendendo formas melhores para usá-lo. Se esse não for o caso, bem, você já sabe o que fazer — ore!

Viver com sabedoria redime o tempo — ... *aproveitando bem cada oportunidade* (v. 16). Viver com sabedoria também envolve remir o tempo, que significa resgatá-lo fazendo bom

ORANDO PELO SEU MARIDO NO USO DO TEMPO **143**

uso dele sempre que houver uma oportunidade. Nesses versículos, o apóstolo Paulo destaca que os dias são maus. Mas, usando o nosso tempo com sabedoria, podemos utilizá-lo para realizar o bem. Quando você e o seu marido tomam o cuidado de rejeitar um comportamento tolo ou insensato com todas as suas vaidades, vocês estão resgatando o tempo, que pode então ser usado para cumprir as prioridades de Deus no lar e no trabalho — isto é, fazer a obra de Deus. Eu gosto de como essa versão bíblica expressa a passagem que é o nosso foco neste capítulo:

> *Portanto, estai atentos para que o vosso procedimento não seja de tolos, mas de sábios, aproveitando bem cada oportunidade, porque os dias são maus. Por isso, não sejais insensatos, mas entendei qual é a vontade do Senhor* (Ef 5.15-17).

Viver com sabedoria reconhece o propósito do tempo — Por isso, não sejais insensatos, mas entendei qual é a vontade do Senhor — A21 (v. 17). Quanto tempo você e o seu marido poderiam economizar se sempre fizessem exatamente o que Deus quer que vocês façam? Pense em quanto tempo você desperdiça diariamente se esquecendo de reuniões e compromissos, voltando atrás e começando tudo de novo, ou tendo de descartar tudo e seguir em outra direção. Conhecer a vontade de Deus e decidir fazê-la produz perfeita sincronização e administração do tempo, sem desperdício de esforço.

FAZENDO A VONTADE DE DEUS

Então é isto! O segredo para "remir o tempo", "resgatar o tempo" ou "aproveitar bem cada oportunidade" é conhecer e fazer a vontade de Deus. E qual pode ser essa vontade? A orientação de Deus é sempre encontrada na Bíblia. Os

144 O PODER DA ORAÇÃO PELO CASAMENTO

planos dele para você e o seu marido se descortinam ao ler e estudar a Palavra dele, aplicá-la e orar por sabedoria. Quando você busca fazer a vontade dele, torna-se muito mais fácil e mais produtiva a administração de cada minuto da sua vida. Você tem tudo isso, porque está buscando se mover sob o comando de Deus, em direção à vontade dele. Você ora diariamente para obter orientação de Deus e sabedoria para fazer a obra dele da maneira que ele quer, em vez de lutar contra o Senhor, os propósitos e planos dele para a sua vida.

DOIS TIPOS DE MARIDOS

Louvado seja Deus, porque a vontade dele não é um grande mistério. Não; costuma ser algo que está bem à sua frente. A vontade dele envolve fazer a sua parte em seus papéis e responsabilidades como esposa e mãe. Você precisa entender sobre planejamento para realizar a vontade de Deus, tanto quanto o seu marido. Existem dois tipos de maridos que usam bem o tempo. Ambos precisam das nossas orações diárias.

O primeiro tipo de marido — Este é o tipo de homem com quem muitas mulheres estão casadas. Esse homem não pensa a respeito do dia na noite anterior... quando acorda... ou em momento algum durante o dia. Que bênção... ele simplesmente segue o fluxo. Ele não tem nenhum grande plano para hoje ou qualquer outro dia além de aparecer no trabalho e cumprir a sua função. Fora o que acontece no trabalho, ele vagueia pela vida, fazendo tudo o que aparecer ou qualquer coisa que ele tenha vontade, mesmo que seja não fazer nada.

Se isso descreve o seu parceiro, ele precisa que você ore em seu favor como a oração que temos neste capítulo: "Minha oração pelo meu marido". Ore para que Deus o conscientize da importância do tempo e de usá-lo para bons propósitos — a vontade de Deus.

O segundo tipo de marido — Este é o tipo de homem pelo qual você está orando que o seu marido seja. Esse marido planeja com antecedência. O ato de planejar é uma disciplina e um estilo de vida para ele. Ele tem listas, agendas, objetivos e está produzindo resultados! Você pode chamá-lo de homem determinado. Que boa notícia, não é mesmo? Agora, a má notícia é que às vezes, quando esse tipo de homem se prende aos planos físicos dele, ele pode acabar negligenciando as partes espirituais e pessoais da vida. Não que ele planeje negligenciar o relacionamento dele com Deus ou com a família. É que a atenção dele simplesmente não está nisso.

Então, você sabe o que fazer, certo? Ore! Ore para que os planos dele incluam tempo para Deus, tempo com homens cristãos e tempo com a família. Agradeça a Deus pelo comprometimento do seu marido com o trabalho e o sustento da família. Mas ore para ele entender que Deus e a família são prioridades que realmente importam. Ore para que o seu maravilhoso esposo busque *em primeiro lugar o Reino de Deus e a sua justiça,* confiante de que, quando Deus ocupa o primeiro lugar em sua vida, *todas essas coisas* — os planos, objetivos e papéis — *vos serão acrescentadas* (Mt 6.33).

PRINCÍPIOS PARA FAZER PLANOS

Então, um tipo de marido não faz planos, mas, talvez com oração da sua parte e, quem sabe, um pouco de ajuda de alguns homens da sua igreja, ele venha a desejar adotar alguns desses princípios. Para os outros que gostam de fazer planos, esses princípios podem ser mais para o seu benefício. Mas, se o seu cônjuge estiver interessado em aprender mais sobre planejamento e outras marcas da liderança, o meu marido, Jim, escreveu o livro *Um líder segundo o coração de Deus* (ainda não traduzido em português). Neste momento,

146 O PODER DA ORAÇÃO PELO CASAMENTO

eu gostaria de compartilhar algumas ideias de um capítulo do livro de Jim que tem como título "Fazer planos... traz foco à sua liderança".[1]

Pense no provérbio a seguir, muito conhecido nos Estados Unidos, quando você começar a ler sobre planejamento. Lembre-se dele a cada dia e também compartilhe-o com o seu marido:

> "Se você não fizer planos para o seu dia, outra pessoa ficará feliz em fazê-lo!"

Fazer planos envolve parceria com Deus — Planejamento começa com oração. O sucesso de qualquer dia para você ou para o seu amado tem início sendo completamente dependentes de Deus para tudo que vá ou possa acontecer no seu dia.

Fazer planos envolve pessoas — Para que você e o seu marido possam aproveitar o seu dia ao máximo, envolvam um ao outro no planejamento. O que você pode fazer para ajudar a facilitar o dia do seu esposo? Ele precisa que você apronte as roupas dele? O que ele pode fazer para facilitar o seu dia? Talvez ele possa pegar as crianças depois do treino de futebol, quando voltar do trabalho para casa. E, falando em crianças, não se esqueça de envolvê-las na ajuda com as tarefas domésticas (quero dizer, inclua os seus filhos nos planos!). Recrutar outras pessoas para ajudar não é usá-las; é envolvê-las!

Fazer planos envolve um plano — Como é possível fazer planos sem uma estratégia? Você precisa de um Plano A. Um bom planejamento começa na noite anterior, quando você

---

[1] GEORGE, Jim. *A Leader After God's Own Heart*. Eugene, OR: Harvest House, 2012, p. 69-81.

ORANDO PELO SEU MARIDO NO USO DO TEMPO **147**

pensa de antemão no dia seguinte. Isso permitirá que você acorde com o Plano A definido. Mas, se algo mudar ou aparecer, você rapidamente muda para o Plano B. Você ainda tem um plano em ação. Só não é o plano com o qual começou de manhã ou até na noite anterior.

Fazer planos envolve desprezo planejado — Você e o seu marido não conseguem fazer tudo hoje, mas podem fazer algumas coisas. Façam um plano em ordem de prioridade e planejem desprezar tudo que não estiver nessa lista e transfiram para a lista de outro dia.

Há algum tempo, eu recortei um artigo de jornal sobre um pianista famoso ao qual lhe perguntaram: "Qual é o segredo do seu sucesso?"

Ele resumiu a resposta dele em duas palavras: "Desprezo planejado"!

Quando pediram esclarecimento, ele descreveu o que fazia quando começou a estudar piano. Ele era jovem, e muitas coisas exigiam tempo e atenção dele. Depois de atender a cada exigência, ele voltava para a música — até que surgisse outra atividade. Em algum momento lhe ocorreu que ele estava dando o tempo que sobrava para a música. Ela ficava em segundo plano diante de qualquer coisinha que acontecesse para distraí-lo. Finalmente ele tomou a decisão de deliberadamente desprezar todo o resto até que tivesse encerrado seu tempo de estudo. Esse programa de desprezo planejado devolveu a ele as oito horas por dia de que precisava para praticar e contaram para seu sucesso.

O princípio do "desprezo planejado" também se aplica a você e a seu marido. Vocês não conseguem fazer tudo. Na verdade, não conseguem fazer a maior parte das coisas. Mas vocês podem — e devem — planejar desprezar as coisas que não sejam prioritárias a fim de poder fazer bem aquelas poucas coisas que são as mais importantes.

Aproveitando o Tempo Juntos

Como casal, você e o seu amado formam um "pacote", uma equipe. Deus tem como intenção que vocês produzam juntos um impacto maior do que conseguiriam em separado. É garantido que a maior parte dos casais, em algum momento do casamento, não está na mesma página no que diz respeito a dominar o tempo e usá-lo com sabedoria. Então, lembre-se: Nada de dar sermão, se queixar ou repreender. Em vez disso, coloque o seu tempo, energia e emoções na oração pela forma de o seu esposo usar o tempo dele. E, enquanto estiver orando, peça a Deus por sabedoria e graça para lidar bem com as suas expectativas e desilusões.

Aqui estão alguns princípios para guiá-la ao orar por e, espera-se, com o seu marido:

Você redime o tempo quando... tira pleno proveito do seu casamento no dia a dia. Toda noiva sonha como seria, poderia, deveria ou poderá ser seu casamento. E, com certeza, toda noiva tem dezenas de sinais de alerta quando tem de encarar o fato de que suas expectativas não se realizaram. Então, o que uma esposa pode fazer?

Em vez de gastar tempo com arrependimento, tristeza ou ira, reorganize as suas prioridades de acordo com a vontade de Deus para você como esposa. Concentre-se no que você pode fazer e se recuse a remoer sobre o que o seu marido está ou não fazendo. Volte às bases da oração. Se as coisas não estiverem bem, comece orando para Deus acertá-las, começando com você e o seu coração. Aprendemos isso com Jesus quando ele falou com um grupo que ele chamou de hipócritas, porque pensavam que eram melhores do que os outros.

Não julgueis, para que não sejais julgados. Porque sereis julgados pelo critério com que julgais e sereis medidos pela medida

ORANDO PELO SEU MARIDO NO USO DO TEMPO **149**

com que medis. Por que vês o cisco no olho de teu irmão e não reparas na trave que está no teu próprio olho? Ou como dirás a teu irmão: Deixa-me tirar o cisco do teu olho, quando tens uma trave no teu? Hipócrita! Tira primeiro a trave do olho; e então enxergarás bem para tirar o cisco do olho de teu irmão. (Mt 7.1-5)

A mensagem de Deus a nós como esposas é cuidar dos nossos próprios problemas, atitudes erradas e pecados dia após dia... o que nos leva de volta à oração. Ore por você mesma e pelo seu marido.

Você aproveita o tempo quando... cumpre o seu papel como esposa. Deus criou você para ser "ajudadora" do seu marido (Gn 2.18). A vontade de Deus é que você ajude o seu marido a administrar cada minuto do tempo e o trabalho dele. Mas você deve estar pensando: "Espere aí! E eu, e a minha agenda, cada minuto do meu tempo — e o meu trabalho?" Isso não parece justo, não é mesmo? Mas é aí onde entra a confiança. Você não entende como funciona o plano de Deus ou como ele se desenvolverá. Pelo contrário, você segue o conselho de Provérbios 3.5,6: *Confia no* SENHOR *de todo o coração, e não no teu próprio entendimento. Reconhece-o em todos os teus caminhos, e ele endireitará as tuas veredas.*

Você aproveita o tempo quando... aproveita o seu tempo ao máximo. Você sabia que a Bíblia fala muito sobre a administração do tempo? No ano em que li a Bíblia inteira, fui marcando cada passagem que falasse qualquer coisa a respeito do tempo e da administração do tempo. Na verdade, ao final daquele ano, escrevi um livro intitulado *A vida de uma mulher de negócios*[2] e extraí princípios de muitas

---

[2] GEORGE, Elizabeth. *A vida de uma mulher de negócios.* São Paulo: Hagnos, 2006.

dessas passagens. Lembre-se, Deus não está pedindo que você faça nada à parte da força e do poder dele. Eu amo o versículo que diz que *posso todas as coisas naquele que me fortalece* (Fp 4.13).

Você aproveita o tempo quando... ora para que o seu marido veja o casamento como um trabalho em equipe. Deus pede que você "auxilie" o seu esposo. Ele não pede que você o "carregue". É óbvio que há uma linha tênue em alguns casamentos em que o marido não está fazendo a parte dele. Para Eva ser a "ajudadora" no jardim do Éden, significava que Adão estava ocupado fazendo o trabalho dele.

Você aproveita o tempo quando... trabalha em ordem de prioridade. O que quero dizer com ordem de prioridade? Novamente, buscando a vontade de Deus, se você for casada e tiver filhos, então, depois de Deus, essas são as suas prioridades. O seu dia será bem aproveitado se você orar e cuidar dessas pessoas. Fora isso, todo o restante é secundário. Você honra a Deus e abençoa a sua família quando eles são a sua prioridade, como era o caso da esposa e mãe de Provérbios 31: *Administra os bens de sua casa* (v. 27).

Você aproveita o tempo quando... em adição à oração, senta-se com o seu marido e conversa sobre como vocês podem trabalhar em equipe para realizar tudo o que Deus pede de vocês no casamento e com a família. Quais passos ambos poderiam dar para controlar melhor o tempo e a vida de vocês? Um passo que você pode dar é orar para que o seu parceiro deseje administrar bem o tempo dele.

O tempo é importante para Deus, e era tão importante para Moisés que ele pediu para Deus ajudá-lo a administrar o tempo que tinha. Como você é uma mulher ocupada que passa o dia trabalhando em várias tarefas diferentes simultaneamente, está bem atenta ao tempo — e como tem pouco tempo livre! Pode ser que, mais do que qualquer coisa, você esteja orando para que o seu marido seja compreensivo quando você ficar um pouco fragilizada. Os maridos que conheço são, na maioria, prestativos com as crianças e a cozinha. Se você tem um desses, elogie-o e agradeça e ele!

Outra coisa, quando o assunto for o seu amado, faça como Colossenses 3.12 diz e revista-se de um coração cheio de compaixão e bondade. Tenha sempre na mente e no coração o fato de que a maioria dos homens casados está sob tanta tensão quanto você na economia atual, só que de maneira diferente. Então, ore para usar dessa abordagem mais gentil, suave e piedosa. Se o seu marido trabalha em horário fixo e volta para casa para ficar com você e os filhos toda noite, se está longe de casa há muito tempo por ter sido convocado pelo serviço militar, se está trabalhando embarcado em um navio, se viaja toda semana por causa do trabalho ou trabalha em turnos numa fábrica, ele precisa das suas orações.

Seu papel é orar pelo seu dia e o seu tempo e orar pelo dia e pelo tempo dele. A oração ajudará a guardar o seu coração contra amargura, solidão, medo, desilusão, desânimo, ira e autocomiseração. E, ao orar pelo dia do seu esposo — onde quer que ele esteja e qualquer que seja o trabalho dele —, você está investindo na vida dele. As suas orações são um ato de amor, e você acabará envolvida com o trabalho dele em vez de ficar ressentida com ele. Você estará a favor dele, e não *contra* ele. Novamente, você será a fã número um, a apoiadora e a encorajadora dele.

Mencionei que Moisés pediu que Deus o ajudasse a administrar o tempo. Aqui está a oração que ele fez — outra oração que você pode fazer por você mesma e pelo seu amor!

Uma oração do coração *de* Moisés

Salmo 90.12

*E*nsina-nos a contar os nossos dias para que alcancemos um coração sábio.

CAPÍTULO DEZ

Orando pela pureza
do seu marido

> Mas tu, ó homem de Deus, foge dessas
> coisas e segue a justiça, a piedade, a fé, o amor,
> a constância e a mansidão.
>
> 1TIMÓTEO 6.11

Para mim, é impossível ouvir, ler ou pensar a respeito de pureza sem me lembrar de um curso sobre evangelismo por meio da amizade em que Jim e eu participamos quando éramos recém-convertidos. Estávamos tão apaixonados por Jesus e entusiasmados para conhecer a Deus que queríamos aprender como compartilhar as boas-novas de Jesus com outros. Uma parte central do nosso treinamento incluía memorização de versículos bíblicos para compartilhar. Um desses versículos era sobre Deus. Hoje ainda me lembro: *Tu, que és tão puro de olhos, que não podes ver o mal e não podes contemplar a maldade!* (Hc 1.13).

Preciso dizer que daquele momento em diante obtive melhor entendimento de Deus e da sua natureza 100% pura. O nosso chamado para crescer na piedade significa que temos de nos empenhar para obter esse tipo de pureza.

Também devemos nos recusar a contemplar o mal e qualquer tipo de perversidade. Essa é uma ordem extremamente difícil na sociedade lasciva de hoje.

Gostemos ou não, a tentação está em toda a nossa volta e ninguém, homem ou mulher, está imune. Nem mesmo Eva, que foi criada por Deus perfeita e perfeitamente sem pecado e colocada em um mundo sem pecado, esteve imune.

PRESTAÇÃO DE CONTAS
— NÃO SAIA DE CASA SEM ISSO

Olhe ainda o que Eva fez no jardim do Éden. O capítulo 3 de Gênesis inicia-se com Eva sozinha no jardim com um ser estranho, um ser muito *estranho* — uma serpente falante. De modo magistral, essa serpente tentou Eva a duvidar de Deus, das instruções e da provisão dele.

A antiga questão é: Onde estava Adão, marido de Eva? Hoje, para alguém nas mesmas circunstâncias, talvez gritássemos juntas: "Não! NÃO FAÇA ISSO! Vá procurar o seu marido. Algo está errado — terrivelmente errado!" A Bíblia não diz nada a respeito de Adão nesse ponto. Talvez ele estivesse em algum outro lugar do jardim admirando a beleza ao redor.

Independentemente do que tenha acontecido, o fato é que Eva estava sozinha e, por isso, sem ter a quem prestar contas. Quando veio a tentação, ela não tinha ninguém para lhe dar um sinal positivo ou negativo. Não havia ninguém para apoiá-la ou fornecer uma palavra de conselho ou alerta. Ela foi deixada por conta própria para lidar com as sugestões da serpente — o diabo (cf. Ap 12.9).

O resultado? Tanto Eva quanto Adão foram julgados e disciplinados por Deus.

Uma razão pela qual estou usando Eva como exemplo é para destacar que a falta de prestação de contas, seja da sua parte, seja da parte do seu marido, pode ter resultados desastrosos, como Gênesis 3 retrata com vivacidade.

ORANDO PELA PUREZA DO SEU MARIDO **155**

Outro exemplo em que a falta de prestação de contas fez que um homem e uma mulher tivessem problemas aparece em 2Samuel 11. A essa altura, o rei Davi desfrutava de enorme sucesso havia anos. Isso, por sua vez, pode ter enfraquecido sua percepção e dependência de Deus para obter sabedoria, proteção e vitória nas batalhas. Além disso, como rei, Davi não respondia a ninguém. Assim como Eva, *vendo* [...] *que a árvore era boa para dela comer, agradável aos olhos* (Gn 3.6), os olhos de Davi também o traíram. A Bíblia relata que *ele viu uma mulher que tomava banho; ela era muito bonita* (2Sm 11.2). Depois que Davi, do seu terraço, notou a mulher, em vez de continuar sua caminhada ou desviar os olhos, escolheu continuar olhando. Como Davi era rei e o marido dessa mulher estava fora de casa, nenhum dos dois tinha a quem prestar contas ou que lhes impedisse de tomar uma série de decisões realmente ruins que mudariam a vida de ambos.

A PUREZA TEM DOIS LADOS

Ao refletirmos a respeito de Davi e Bate-Seba, a mulher que estava banhando-se, não podemos apontar o dedo culpando e dizendo: "Com toda a certeza, foi culpa de Davi!", ou: "Não, foi culpa da mulher!" Isso porque a pureza trabalha em duas vias. É necessário que duas pessoas concordem ou consintam para cometer adultério — ou qualquer outro pecado sobre o qual concordem.

Por exemplo, é fácil os casais serem envolvidos na excitação de tudo o que está acontecendo no mundo e com as pessoas ao seu redor. Para alguns, é mostrar superioridade social. Esses casais aderem à moda do carro mais moderno, da casa ou das viagens exóticas e luxuosas. Não demora muito até que estejam endividados até o pescoço. O que é ainda pior para os casais cristãos é quando esse tipo de comportamento mundano turva o discernimento espiritual e seu julgamento

156 O PODER DA ORAÇÃO PELO CASAMENTO

a ponto de as escolhas terem graves implicações no crescimento e maturidade espirituais. Vemos isso com clareza no
retrato a seguir de um casal da Bíblia que "entrou em comum
acordo" para pecar (At 5.9).

Referimo-nos a Ananias e Safira. Deus estava fazendo coisas maravilhosas na vida das pessoas da igreja primitiva. Um
espírito de amor, unidade, hospitalidade e doação de bens
prevalecia no coração e na mente dos primeiros cristãos na
igreja de Jerusalém.

Muitas pessoas das regiões circunvizinhas receberam a
Cristo como Salvador e se tornaram crentes. Com o coração
transbordando de alegria e compaixão, esses novos cristãos
usaram todo o dinheiro deixando suas casas e ocupações para
viajar a Jerusalém, querendo fazer parte do que estava acontecendo ali no centro do cristianismo. Pessoas como Barnabé,
que tinham dinheiro ou propriedades, estavam vendendo
suas posses e entregando suas ofertas diante dos apóstolos
para usarem-nas como fosse necessário para ajudar o povo e
a igreja (At 4.36,37).

Ananias e a esposa, Safira, decidiram seguir o exemplo
dos outros e também venderam uma propriedade. Mas é aqui
onde a história deles tem uma trágica virada, quando Ananias, em total acordo com Safira, *ficou com uma parte do valor*
(At 5.2). A Bíblia não dá todos os detalhes. Será que eles
prometeram a Deus que dariam toda a quantia, mas depois
mudaram de ideia e ficaram com parte da oferta, embora dis-
sessem a todos que era o valor total? Não sabemos.

O que sabemos é que o apóstolo Pedro discerniu a mentira
deles e descreveu as ramificações do pecado que cometeram.
Eles praticaram duas ofensas: Em primeiro lugar, ambos mentiram a Deus, ao Espírito Santo, o que era ruim o bastante.
Em segundo lugar, eles mentiram em público, o que revelou
sua hipocrisia espiritual. Essa equipe composta de marido
e mulher queria que os outros vissem quanto "eles eram

ORANDO PELA PUREZA DO SEU MARIDO **157**

piedosos e incrivelmente generosos" por causa da natureza sacrificial da oferta deles, quando, na verdade, eles ficaram com uma parte da oferta. Você pode ler a narrativa completa desse casal corrupto em Atos 5.1-11. Agora eu gostaria de alertá-la: Essa é uma história extremamente preocupante que traz uma lição importante a cada pessoa sobre a ganância e a mentira e aos casais sobre a concordância em pecar juntos.

Deus deu o seu parceiro em casamento para, entre outros propósitos, ser uma caixa amplificadora. Vocês dois devem ser uma força mais potente, pura e superior para fazer o que é certo do que qualquer um dos dois seria sozinho. Os dois "protegem a retaguarda um do outro" e podem pedir contas um ao outro quando parecer que algo está seguindo na direção errada. Como casal, vocês deveriam ter um efeito multiplicador para o bem. Vocês deveriam revelar o que cada um tem de melhor, estimulando-se mutuamente no crescimento como casal segundo o coração de Deus.

A narrativa bíblica passa a mensagem de que Ananias e Safira estavam de acordo quanto à mentira de ambos. Juntos, eles tramaram esse pequeno esquema perspicaz. Um ou os dois tinham de saber que o que eles estavam planejando não era correto. Com certeza, um deles poderia ter dito algo como: "Não, eu não posso continuar agindo assim. É errado, e eu não quero ter nada a ver com isso". A história deles poderia ter tido um final completamente diferente — um final bom e honesto.

Em vez de ser uma dinâmica para o bem, a fraude de Ananias e Safira era uma ameaça tão grande contra a igreja recém-nascida que o próprio Deus agiu de modo extremo contra eles e matou a ambos.

É muito fácil para nós expor o pior um do outro, em vez de o melhor, em um relacionamento conjugal. Não permita que isso se aplique a você como esposa. Comprometa-se por completo a fazer como a mulher de Provérbios 31: *O marido confia nela totalmente, e nunca lhe faltará coisa alguma. Ela lhe faz bem todos os dias de sua vida, e não mal* (v. 11,12).

ORANDO POR PUREZA

E assim nós oramos! Ao abordarmos a oração por pureza para o seu marido agora, quero que você assimile esse versículo preliminar para usar nas suas orações por você e pelo seu esposo. Chegaremos ao nosso versículo-chave para usar nas suas orações daqui a pouco. Por enquanto, eu gostaria que considerássemos os ensinamentos de Jó 31.1 e Salmo 101.3. Esses versículos contêm compromissos com a pureza que você pode assumir para você mesma, assim como para o seu marido. Primeiro, leia os versículos. Depois ore!

Fiz um acordo com os meus olhos de não cobiçar moça alguma (Jó 31.1).

Nunca me voltarei para a desonestidade (Sl 101.3).

Minha oração *por nós como* casal

Jó 31.1 e Salmo 101.3

Santo Deus, minha oração pessoal é de fazer um acordo com os meus olhos. Peço isso também para o meu marido — que com a tua ajuda e pela tua graça juntos evitemos qualquer coisa que possa ameaçar a nossa pureza. Oro para que eu e _____ nunca [nos voltemos] *para a desonestidade. Por favor, ajuda-nos, querido Senhor!*

Agora, ao mergulharmos no âmago deste capítulo sobre a pureza, penso que você concordará comigo neste ponto ao orarmos pelo nosso esposo. Na Bíblia, muitos são os títulos dados aos homens especiais que serviram a Deus e contribuíram fortemente para o bem-estar daqueles ao redor deles. Mas um título que eu quero que seja real e verdadeiro para o meu marido é que ele seja um "homem de Deus". Esse título se encontra em 1Timóteo 6.11, e é o tipo de homem a respeito do qual oro para que o meu parceiro na vida venha a ser. Você pode fazer a mesma oração pelo seu esposo. Insira o nome do seu cônjuge nos espaços em branco ao fazer a oração abaixo.

Minha oração pelo meu marido

1Timóteo 6.9,11

*P*ai gracioso, eu elevo meu marido diante de ti e oro para que _____ seja um homem de Deus, para que _____ fuja dos desejos insensatos e nocivos — aquelas coisas que o tentariam a pecar. A minha oração é que, em vez disso, ele busque a justiça, a piedade, a fé, o amor, a constância e a mansidão.

O termo "homem de Deus" identifica tal homem como propriedade pessoal de Deus. Esse título foi dado a Timóteo, um dos discípulos em quem o apóstolo Paulo mais confiava. Paulo estava trabalhando com Timóteo havia quinze anos quando a primeira carta a Timóteo foi escrita. O fato de Paulo ter dado esse título a Timóteo deixa claro que Paulo o tinha em alta conta pela sua força espiritual, maturidade e pureza. Mas isso não impediu Paulo de querer dar instruções adicionais a Timóteo.

Essa também deveria ser a sua atitude mental. Pode ser que você tenha o marido cristão mais maravilhoso e maduro do Planeta. Se esse for o caso, louve a Deus com todo o seu coração — e continue orando. Não permita que a caminhada dele com o Senhor, as vitórias sobre o pecado e contra a tentação no presente a impeçam de continuar orando pela pureza dele. Na verdade, quanto mais temente a Deus for o seu esposo, maior será a necessidade de você orar por ele. Não há nada que Satanás ame mais do que derrubar um "homem de Deus". Outros homens da Bíblia também são chamados de "homem de Deus". Sendo um homem de Deus, o seu marido deveria estar na companhia de homens como...

- Moisés — A expressão "homem de Deus" aparece pela primeira vez em Deuteronômio 33.1 para descrever Moisés, o grande libertador do povo de Deus.
- Samuel — O primeiro dos profetas e também juiz em Israel, Samuel recebeu o título de "homem de Deus" em 1Samuel 9.6.
- Elias e Eliseu — Os dois estavam entre os maiores profetas do Antigo Testamento e foram chamados de homens de Deus (1Rs 17.18; 2Rs 4.7).
- Davi — Deus usou o título de "homem segundo o meu coração" para se referir a Davi em Atos 13.22. Mesmo com todas as falhas, Davi foi chamado de "homem de Deus" em Neemias 12.24.

Todas as vezes em que a expressão "homem de Deus" foi usada, apontava para indivíduos que representavam a Deus proclamando sua Palavra e defendendo suas verdades mesmo em face da oposição ou perseguição. Quando você ora para o seu marido se tornar esse tipo de homem, está pedindo que Deus o fortaleça e fortifique para manter a tradição dos homens piedosos do Antigo e Novo Testamentos. Vá em frente e faça esse pedido pelo seu esposo! Peça com fervor e persistência todo santo dia.

Tenha esses dois pedidos no topo da sua lista, quando orar para que o seu marido seja um homem de Deus:

Ore pelas coisas que o seu marido deve evitar e das quais ele deve fugir. Comece orando para o seu marido se desviar das situações nocivas e pecaminosas. Você está orando para ele fugir de coisas como falsos ensinamentos, ganância, amor ao dinheiro e desejos insensatos e nocivos (cf. 1Tm 6.3-10). Paulo queria que o caráter de Timóteo permanecesse em forte contraste ao dos falsos mestres. Os falsos mestres eram gananciosos e profanos. O homem de Deus, contudo, deve ser justo e ter a mente voltada para as coisas do céu.

Assim como Timóteo, o seu cônjuge precisa perceber que há certas coisas que ele deve terminantemente evitar a todo custo. É como dizem, ele não deve ver quanto pode se aproximar do limite de pecar sem cair. Não, ele deve ver quanto pode se afastar do pecado. O homem de Deus deve fugir — correr na direção oposta! — do pecado sexual e da idolatria (1Co 6.18; 10.14).

Se você espera alcançar uma sintonia fina nas suas orações, aqui estão mais alguns pedidos que pode fazer ao Pai. O objetivo é orar para que o seu parceiro determine que qualquer coisa que poderia tomar o lugar justo, alto e exaltado de Deus no coração dele fique de fora. A lista desses "ídolos do coração" inclui amor ao dinheiro, orgulho egocêntrico, desejo por posses terrenas e até passatempos. Tal lista de oração abrange qualquer coisa que desvie o foco do seu esposo do amor e da obediência a Deus e aos mandamentos encontrados na Bíblia.

Ore pelas coisas que o seu marido deveria buscar e seguir. A mesma velocidade com a qual o seu cônjuge deve fugir e *correr* daquelas coisas que o corromperiam, ele deve usar para *correr com todas as forças em direção à* pureza espiritual. Fugir do pecado é metade da batalha, mas ele precisa igualmente continuar a buscar ativamente uma vida santa.

Pense assim: é como se o seu companheiro estivesse em uma corrida rumo ao alvo da santidade. Se ele parar, aquele que está atrás dele — o pecado — o apanhará e ele não alcançará o alvo. Apenas para esclarecer, Paulo lista seis virtudes em 1Timóteo 6.11 que todo homem, inclusive o seu esposo e o meu, deve perseguir para merecer o título privilegiado de "homem de Deus". Aqui vamos nós, querida esposa — esta é a sua lista de oração pelo seu marido!

■ Justiça — Isto tem a ver com o comportamento externo. Significa que o seu esposo faz o que é certo ao lidar com as pessoas e no relacionamento com Deus. Sendo um homem de Deus, ele é conhecido por fazer o que é certo, porque o seu estilo de vida é um reflexo da sua obediência aos mandamentos de Deus. Ore para que o seu marido não se contente com uma vida de transigência.

■ Piedade — Assim como a justiça se refere ao comportamento externo, a piedade diz respeito ao coração, às atitudes e motivações do seu marido. Jesus disse: *A boca fala do que o coração tem em grande quantidade* (Lc 6.45). O comportamento correto flui de um coração correto, o que sugere motivações corretas. Provérbios 4.23 dá este conselho: *Guarda o teu coração, porque dele procedem as fontes da vida.*

■ Fé — Isto significa confiar em Deus para tudo. O homem de Deus tem plena confiança na força, na autoridade, no plano, na provisão, nas promessas e nos propósitos de Deus. Ore para o seu marido, o seu homem de Deus, confiar que Deus manterá e cumprirá a sua palavra. Essa confiança motivará o seu cônjuge a realizar tudo o que a Bíblia pedir dele como provedor, marido e pai.

■ Amor — O tipo de amor que vem de Deus é incondicional. Esse tipo de amor é sem fim, irrestrito e abrange o amor a Deus, à família, aos outros cristãos e aos perdidos. O homem de Deus entende a importância da instrução dada pelo Senhor em Mateus 22.37-39 — amar a Deus e amar ao próximo.

■ Constância — Este termo também pode ser traduzido por "perseverança" (NVI). Isso se refere à capacidade de superar e suportar situações difíceis, até mesmo por um período muito longo, sem perder a calma e ficar impaciente, agitado, irado ou vingativo. Que grande qualidade pela qual orar em favor do seu esposo — e por você. O fato de ele possuir essa qualidade abençoará você como esposa e os seus filhos. Que maravilhoso! E é claro que a paciência fará o mesmo por você, abençoando o seu esposo e os seus filhos.

■ Mansidão — Isto significa benignidade ou amabilidade. No texto grego original do Novo Testamento, este é o único lugar onde este termo aparece. Que mulher não desejaria essa qualidade no seu marido? Apesar de você estar orando para o seu marido ser forte, decidido, piedoso, sábio e líder, também está orando para que a vida e os papéis dele sejam marcados pela humildade semelhante à de Cristo. Ele segue o apelo do Salvador: *Tomai sobre vós o meu jugo e aprendei de mim, que sou manso e humilde de coração* (Mt 11.29).

O que você pode fazer além de orar?

Entenda como funciona a tentação. Assistimos horrorizadas ao que aconteceu a Eva no jardim do Éden e ao rei Davi no terraço. Em ambos os casos, os olhos estavam envolvidos na tentação e no pecado resultante.

> *Então, vendo a mulher que a árvore era boa para dela comer, agradável aos olhos [...] tomou do seu fruto, comeu e deu dele a seu marido, que também comeu.* (Gn 3.6)

> *Davi [...] viu uma mulher que tomava banho; ela era muito bonita. Davi perguntou quem era aquela mulher [...]. Então Davi mandou buscá-la [...] e ele se deitou com ela.* (2Sm 11.2-4)

Primeiro, tenha certeza de que você entende que tentação não é o mesmo que pecado. Jesus foi tentado por quarenta dias no deserto, mas jamais pecou. Ele não sucumbiu ou cedeu às tentações. Nós, no entanto, por vezes cederemos ao pecado antes mesmo de sermos tentados por longos quarenta segundos!

Leia 1João 2.16 abaixo para saber como o processo da tentação nos seduz — e ao nosso marido — a pecar.

> Porque tudo o que há no mundo,
> o desejo da carne,
> o desejo dos olhos e
> o orgulho dos bens, não vem do Pai, mas sim do mundo.
> (1Jo 2.16)

Como podemos ver, a tentação vem de três fontes:

- do desejo da carne e da sua natureza inerente de se envolver em coisas más. Esse foi o problema de Davi.

ORANDO PELA PUREZA DO SEU MARIDO **165**

- do desejo dos olhos, que nos engana fazendo o que é mau parecer bom. Esse foi o problema de Eva.
- do orgulho que produz soberba ou uma opinião elevada demais a nosso respeito. Esse foi o problema de Ananias e Safira.

Tanto você quanto o seu marido são bombardeados muitas vezes ao dia por esses tipos de tentação. Então, as suas orações por pureza deveriam incluir a pureza sexual, mas têm um escopo muito mais amplo do que apenas pureza sexual. *Entenda que homens e mulheres são diferentes, especialmente com relação ao sexo.* Sei que sexo é apenas uma área da tentação, mas a infidelidade está entre as cinco maiores razões para o divórcio na maior parte das listas de razões para divórcio criadas tanto por advogados quanto por conselheiros. Então, é óbvio que é importante o relacionamento sexual do casal! Sei que isso não é nenhuma novidade, mas as mulheres casadas, com agendas lotadas de mil e uma funções, filhos e casa, às vezes esquecem que estão ignorando as necessidades sexuais do marido.

O apóstolo Paulo também estava preocupado que casais estivessem guardando o corpo um do outro. Ele deu uma dica do que poderia acontecer se isso não fosse corrigido. Ele aconselhou: *Não vos negueis um ao outro, a não ser de comum acordo por algum tempo, a fim de vos consagrardes à oração. Depois, uni-vos de novo, para que Satanás não vos tente por causa da vossa falta de controle* (1Co 7.5). Certifique-se de que o seu marido não tenha razão para olhar para ou pensar em outras mulheres. O que Jesus disse se aplica ao seu casamento e à luta do seu cônjuge para ficar puro: *O espírito está pronto, mas a carne é fraca* (Mt 26.41).

Comuniquem-se abertamente sobre os tipos de tentação que ambos estão enfrentando. O contexto do versículo que você está usando nas suas orações neste capítulo era de ganância e comportamento mundano. Isso soa familiar, não é mesmo? Esse foi o problema de Ananias e Safira e com certeza se aplica ao mundo hoje. Avalie se você, como esposa, está contribuindo para algum problema que o seu marido esteja tendo com tentação em qualquer área. Se houver algum problema, pergunte a você mesma e a ele o que você pode fazer para ajudar. Analise se o estilo de vida extravagante ou os gastos excessivos da sua parte estão forçando o seu marido a inventar maneiras de ganhar dinheiro extra. Isso pode fazer que ele trabalhe mais e fique menos em casa, aumentando outros tipos de tentação. Se ele sentir necessidade de ganhar mais dinheiro, na verdade é possível que ele cogite alguma oportunidade que possa não ser considerada ilegal, mas poderia ser obscura e arriscada. Talvez seja necessário que você coloque o pé no freio com seus gastos. Talvez vocês precisem, como casal, buscar orientação financeira, encontrar alguém que ajude os dois a saírem de uma complicação financeira que esteja forçando a sua família a comprometer seus princípios cristãos.

Também existe a necessidade de manter as linhas de comunicação abertas no que diz respeito às questões sexuais e especialmente à frequência com que cada um de vocês deseja se relacionar sexualmente. Se houver problemas, mais uma vez, busquem orientação juntos. Assim como em todos os problemas que você e o seu esposo estejam enfrentando ou virão a enfrentar, se conseguirem conversar sobre o assunto, conseguirão resolvê-lo. É como costumo dizer: "Um problema definido é metade do problema resolvido"!

Eu e o meu marido, Jim, fomos aconselhados no início da nossa vida como cristãos casados a agendar saídas frequentes. Como felizmente descobrimos, essa é uma das melhores formas de manter acesa a chama da paixão nos dois. Pague uma babá ou combine com as suas amigas para cada uma ser responsável pelos filhos da outra pelo menos por uma noite. Apenas uma noite longe de casa, dos filhos e da miríade de responsabilidades que vêm com uma casa e uma família permite que vocês dois voltem a atenção um para o outro e para o casamento.

Reconcilie-se logo. Casamento é um relacionamento entre você, o seu esposo e Deus. É como os três lados de um triângulo. Se você e o seu companheiro estiverem bravos um com o outro, isso afetará o relacionamento de vocês com Deus. Em 1Pedro 3.7, os maridos são aconselhados a serem sensíveis às necessidades da mulher, ou sofrerão a consequência das suas orações não serem respondidas.

O princípio desse versículo funciona em duas vias. "Não vão para a cama bravos um com o outro" é um bom conselho para qualquer casal. Ou, se você quiser em uma linguagem mais forte, a Bíblia diz: *Não conserveis a vossa raiva até o pôr do sol* (Ef 4.26). Seja rápida para iniciar a reconciliação e voltar a colher as bênçãos de Deus de um coração feliz, um lar feliz, um homem muito feliz e crianças felizes! Ah, como será doce — o céu na terra!

Uma oração do
coração de Davi

Salmo 51.10

Ó Deus, cria em mim um coração puro e renova em mim um espírito inabalável.

CAPÍTULO ONZE

Orando pelo modo de falar *do seu marido*

Não saia da vossa boca nenhuma palavra torpe, e sim unicamente a que for boa para edificação, conforme a necessidade, e, assim, transmita graça aos que ouvem.

EFÉSIOS 4.29, ARC

Ah, esses pastores de adolescentes! Com toda a certeza eles são uma espécie singular. Eles estão sempre inventando formas criativas de fazer uma plateia inquieta entender questões bíblicas. Pelo menos, esse era o caso com o pastor de adolescentes das nossas filhas. Meu Jim e eu ainda damos graças a Deus, porque as nossas meninas tiveram um bom pastor. Não, na verdade ele era excelente!

Ainda antes de conseguirem se ajeitar no banco de trás do carro para se dirigirem ao estudo bíblico, as nossas meninas já estavam falando sobre a lição bíblica da noite. Era impossível adivinhar o que o pastor Eric criaria!

Bem, a nossa família (agora incluindo oito netos adolescentes e pré-adolescentes que ouviram o conto a seguir sobre

170 O PODER DA ORAÇÃO PELO CASAMENTO

a língua, repetidas vezes nas reuniões de família) ainda fala de uma noite memorável — e de uma verdade memorável da Bíblia. O pastor da juventude estava ensinando sobre o livro de Tiago e chegou a Tiago 3.5-8, uma passagem a respeito da língua. Mais cedo naquele dia, o pastor Eric foi ao supermercado e comprou uma língua de vaca que pesava 1 kg. Então, naquela noite, enquanto ensinava sobre quanto a língua humana pode ser perigosa e como falar de forma descuidada pode causar estragos, ele passou a língua de vaca pela sala para que todos os adolescentes pudessem ver, cheirar e tocar. Não é necessário dizer quanto esse recurso visual causou uma impressão inesquecível para nossas filhas e todos os seus amigos! Eles nunca se esqueceram daquela lição peculiar... nem nós.

O que Tiago escreveu a respeito da língua humana está correto, é claro — ela pode ser perigosa. Ela é descrita na Bíblia como *um fogo; sim, como um mundo de maldade* [...] [que] *contamina todo o corpo e põe em chamas o curso da nossa existência* [...] *Mas nenhum homem pode domar a língua* (Tg 3.6-8).

Quando orar pelo seu marido nessa área da vida dele, entenda que você está na verdade orando por duas coisas. A primeira é que você estará orando pelo que geralmente chamamos de comunicação, a qual se aplica de forma especial às interações dele com você como esposa e com os filhos de vocês, assim como com as pessoas com quem ele conversa no trabalho.

O outro aspecto do modo de falar são as palavras em si que saem da boca do seu esposo — isto é, as palavras e os padrões de fala que indicam o que está no coração do seu amado.

O MODO DE FALAR EXPÕE O CORAÇÃO

Na Bíblia, o coração é visto como centro das emoções humanas. Nós não conseguimos esconder o que está no nosso coração, porque cedo ou tarde o nosso modo de falar revelará exatamente o que está dentro de nós. Os fariseus, os legalistas dos dias de Jesus, acreditavam que poderiam ser "religiosos" seguindo um conjunto de normas externas. Por exemplo: eles observavam de forma meticulosa o que se comia e bebia e quanto de dinheiro se dava no templo. Jesus expôs a religião deles por regras. Note que ele disse:

> Mas o que sai da boca procede do coração; e é isso que torna o homem impuro. Porque do coração é que saem os maus pensamentos, homicídios, adultérios, imoralidade sexual, furtos, falsos testemunhos e calúnias. São essas coisas que tornam o homem impuro; mas o comer sem lavar as mãos não o torna impuro (Mt 15.18-20).

ORANDO PELA SAÚDE DO CORAÇÃO DO SEU MARIDO

Praticamente toda mulher casada que conheço e com quem conversei (inclusive eu!) se preocupa com a saúde do coração do marido em algum momento. Imaginamos se está tudo bem. As escolhas de comida, a falta de exercícios e o estresse que o nosso esposo enfrenta todos os dias nos deixam inquietas. Lamentavelmente, chegamos até a sucumbir à repreensão, à súplica, aos sermões e até sumimos com todo e qualquer alimento "ruim" de casa. O que deveríamos estar fazendo é orar, além de providenciar refeições saudáveis, é claro.

A preocupação, independentemente de qual seja o objeto, é o nosso sinal para orar, o que significa que a maior parte das esposas ora pelo coração do cônjuge! Pode ser até que você seja como eu e tenha um esposo com um problema cardíaco que é um assunto para a oração diária. O coração físico é crucial para a saúde e o bem-estar físico do nosso marido.

Mas ainda mais crucial é a saúde do coração *espiritual* do nosso companheiro. Tudo flui do coração, como aprendemos anteriormente com as palavras de Jesus. O coração é o que determina o comportamento. A fonte básica do comportamento, incluindo o modo de falar do indivíduo, sempre será determinada pelo que se passa no coração dessa pessoa. Por essa razão Deus nos adverte: *Acima de tudo que se deve guardar, guarda o teu coração, porque dele procedem as fontes da vida* (Pv 4.23).

Tenho certeza de que você concorda comigo que é certo que temos muito com que nos preocupar no nosso modo de falar e no nosso comportamento. Há dias — normalmente o "dia seguinte" de algum enorme fracasso comportamental da minha parte — em que oro antes mesmo de sair da cama: "Hoje, Senhor, eu não vou... perder a cabeça... estourar... gritar com os meus filhos... ser rude com o meu marido". Eu vejo (ou melhor, ouço) um problema, reconheço-o, oro para obter ajuda de Deus para o problema e faço um plano para eliminar ou consertar o problema. Quando as minhas filhas eram pequenas, em muitos dias o meu plano era: "Eu *não vou* gritar com as crianças hoje. Eu *não vou* gritar com as crianças hoje. Eu *não vou* gritar com as crianças hoje...".

Sim, nós, mulheres, temos os nossos próprios problemas com o modo de falar. E o mesmo se aplica ao nosso marido. Costumamos nos preocupar com o comportamento externo dele, com o que vemos e ouvimos. Isso porque nos afeta e aos nossos filhos e contribui para a forma segundo a qual os outros nos veem e o que pensam do nosso marido. Tendemos a nos preocupar mais com *o que* ele fala do que *por quê.* Quando fazemos isso — quando nos concentramos no volume, no vocabulário e no tom de voz usado na fala —, deixamos passar a raiz causadora do comportamento do nosso esposo. Deixamos passar a saúde do coração dele. É como Jesus afirmou: *O homem bom tira o bem do bom tesouro do seu coração; e o homem mau tira o mal do seu mau tesouro; pois a boca fala do que o coração tem em grande quantidade* (Lc 6.45).

ORANDO PELO MODO DE FALAR DO SEU MARIDO **173**

E assim nós oramos. É claro que oramos pelo comportamento e pelo modo de falar do nosso marido. Mas, pegando a deixa de Jesus, oramos primeiro especificamente pelo coração dele.

Ore por um novo coração — Deus prometeu a Israel no Antigo Testamento — e, por extensão, a todos os salvos hoje — que ele mudaria o coração de seu povo com a salvação. Ele prometeu: *E lhes darei um só coração, e porei dentro deles um novo espírito; tirarei deles o coração de pedra e lhes darei um coração de carne* (Ez 11.19). Talvez o comportamento do seu marido seja o resultado de um "coração de pedra". O coração dele nunca foi transformado. Ele pode dizer e pensar que é um crente em Cristo. Mas, se não tiver um "coração de carne" — um coração que foi transformado por Jesus —, as ações dele dirão algo diferente. É como Jesus explicou: *Porque do coração é que saem os maus pensamentos, homicídios, adultérios, imoralidade sexual, furtos, falsos testemunhos e calúnias* (Mt 15.19).

Se você enxerga o estilo de vida do seu cônjuge no versículo anteriormente citado — em Mateus 15.19 — e ele não for um cristão, a sua primeira reação emergencial é orar, orar e orar um pouco mais todos os dias. Ore para Deus o salvar, abrir o coração dele para a pessoa de Jesus, fazer dele uma nova criatura em Cristo, criar nele um coração puro.[1] Suplique a Deus que tire o "coração de pedra" do seu esposo e dê a ele um "coração de carne". Essa deve ser a essência das suas orações.

Pense na oração pelo coração do seu amado como parte do exercício de oração a cada dia. A sua primeira e contínua oração precisa ser pedir que Deus mude o coração dele. Isso porque qualquer mudança que *você* esteja esperando nos

---

[1] Atos 16.14; 2Coríntios 5.18; Salmo 51.10.

modos, valores e estilo de vida do seu marido será meramente superficial. Isso não é o suficiente. A sua oração básica deve ser pela salvação dele, para que ele tenha um novo coração, o que somente Deus pode realizar.

Mas e o marido que é convertido e ainda assim está caindo cada vez mais no comportamento, nas atitudes e no modo de falar do mundo? Você ora!

Ore pelo coração que se desviou. Se o seu esposo for salvo, mas estiver exibindo um comportamento desnorteado e se desviando dos padrões de Deus, isso indica que ele tem um "coração desviado". As ações dele estão indicando que ele deixou de olhar para Deus e seu Filho, e está vagueando para cada vez mais longe do que Deus deseja para a vida dele.

Como você pode ajudar?

Ore para que o Espírito Santo convença o seu companheiro do desvio de seu coração. Às vezes, o homem pode ficar tão obcecado com o trabalho ou outras coisas como passatempos, entretenimento ou comida que tira o foco do relacionamento com Deus. Em vez de andar pelo Espírito, ele começa a andar de modo carnal. Ele pode até recair em alguns hábitos antigos do passado sem Cristo.

Não se esqueça de orar sobre o que Deus quer que você faça. Talvez, se e quando acreditar que seja o momento certo e o seu coração estiver preparado, você possa falar com o seu esposo de forma amorosa, com graça no seu coração (Cl 3.16), como companheira de fé, esposa, irmã e "coerdeira em Cristo" (Rm 8.17).

Lamentavelmente, muitas mulheres tomam a primeira atitude movidas por total frustração. Elas atacam com ira. Elas criticam com dureza o marido em um ataque frontal. Sempre me ajuda lembrar que "Dois erros não fazem um acerto". Quando o seu companheiro está se comportando mal, é o primeiro erro. Mas, se você gritar, esbravejar, tiver um chilique, estourar ou atacar cheia de ira, esse será o segundo erro. Quando a esposa se comporta dessa forma, ela está tão errada quanto o marido. Por favor, não se permita agir assim! Recorra a Deus. Ele dará todas as palavras, sabedoria, mansidão — e domínio próprio! — que você precisa *a fim de que transmita graça aos que ouvem* (Ef 4.29).

DUAS MANEIRAS DE MELHORAR A COMUNICAÇÃO

Todo casal tem que trabalhar nas habilidades de comunicação. Na verdade, de acordo com fontes da internet, a comunicação aparece de forma constante como um dos dez primeiros itens nas listas de razões pelas quais os casais se divorciam. Um dos meus livros favoritos sobre esse assunto de suma importância tem um título que já diz tudo: *Comunicação: a chave para o seu casamento*. E o subtítulo é tão verdadeiro quanto *o segredo para a verdadeira felicidade*.[2]

Estou certa de que já houve vezes em que você teve problemas com a escolha de palavras do seu marido ou os meios de comunicação dele. E sabe o que mais? Estou tão certa quanto de que já houve vezes em que ele teve dificuldades com os seus métodos de comunicação com ele.

Seja qual for o seu problema com o modo de falar do seu esposo, uma forma de melhorar a comunicação é a oração. Ore para que o seu cônjuge entenda quanto a comunicação e o modo de falar são importantes no casamento e na criação dos filhos. Este é o caminho fácil. Você só precisa orar, e Deus faz o resto!

A segunda forma de melhorar a comunicação no seu casamento é muito mais difícil: você precisa tratar de si mesma. Avalie quanto você pode estar contribuindo para o declínio

---

[2] WRIGHT, Norman. *Comunicação: a chave para o seu casamento*. São Paulo: Mundo Cristão, 1999.

176 O PODER DA ORAÇÃO PELO CASAMENTO

da comunicação e do modo de falar entre você e o seu esposo. Você consegue identificar o que pode estar fazendo para afetar de forma negativa o seu companheiro? Da próxima vez que vocês tiverem um confronto verbal, antes de atacar o seu marido como um gato com as garras de fora, antes de interrompê-lo para desabafar sobre o modo com que ele se expressa, antes de dar um sermão nele e de jorrar versículos da Bíblia, pare!

Então, comece a orar imediatamente: "Senhor, qual é a coisa certa a fazer neste momento? Ajuda-me, Senhor. Dá-me sabedoria". Esse tipo de reação freia a discussão. Isso dará tempo para você bolar um plano melhor para comunicar a sua mensagem e os seus sentimentos ao seu amado — e com palavras e atitude que facilitarão que ele a ouça.

Estou certa de que você concorda que esse caminho de tratar de si mesma é com certeza o mais difícil. Mas reflita sobre isto. Você não pode fazer nada a respeito da comunicação do seu marido, mas ore por ele e sobre a forma de vocês dois poderem conversar sobre o que está acontecendo no seu casamento. Mas você pode fazer *tudo* a respeito do seu próprio modo de falar! As palavras que escolhe usar podem ser suaves ou amargas, de encorajamento ou de exasperação. Lamentavelmente, é muito mais fácil para nós falar palavras que resultem em uma comunicação ofensiva em vez de um diálogo proveitoso.

"UM GOTEJAMENTO CONTÍNUO"

Você acredita que Deus usa a imagem de um gotejar constante para nos lembrar da necessidade de melhorar o nosso modo de falar? É verdade! Provérbios 19.13 diz: *O filho insensato é a desgraça do pai, e as brigas da esposa são como uma goteira constante.* Ai!

Mas é verdade, e eu mesma já procedi assim! Isso é o que acontece quando você e eu fazemos coisas, inclusive a comunicação, à nossa maneira, e não à maneira de Deus. Deixamos de prestar atenção às diretrizes de sabedoria que Deus dá quanto ao nosso modo de falar. E Provérbios tem mais a dizer sobre o lado negativo da nossa comunicação. Ao ler as passagens a seguir, preste atenção sobre como a mulher é descrita:

É melhor morar num canto do eirado, do que dentro de casa com uma mulher briguenta (Pv 21.9).

É melhor morar numa terra deserta do que com uma mulher briguenta e impaciente (Pv 21.19).

A goteira constante em dia de chuva e a mulher briguenta são semelhantes (Pv 27.15).

Acho que você consegue enxergar que a mensagem está bastante clara. É importante ter cuidado com o seu próprio modo de falar antes de ficar obsessivamente preocupada com o modo de falar do seu cônjuge. Analise e ore sobre a forma de você se comunicar. É muito mais fácil falar ou pensar: "Bem, o meu marido mudou. Ele não é o mesmo homem com quem me casei". Mas olhe-se no espelho. Em algum momento no seu casamento você já foi uma esposa feliz, despreocupada, amorosa, atenciosa e meiga?

É fácil permitir que os anos, os cuidados da vida e os desafios do casamento a transformem em uma mulher amarga, irritada, resmungona, briguenta, queixosa, mal-humorada, que se incomoda com tudo o que o esposo faz. E, antes de perceber, *você* está como o gotejar constante de uma torneira.

Você sabe quanto uma torneira pingando pode deixá-la louca, não é mesmo? Bem, esses provérbios relatam a mesma reação que ocorre no homem que tem uma "torneira pingando" como esposa. Isso pode levá-lo à loucura e, infelizmente, pode levá-lo embora.

Esses versículos que descrevem a "mulher briguenta" podem parecer exagerados, mas estou certa de que você capta a mensagem. Isso está acontecendo em alguma medida no seu relacionamento com o seu esposo? Caso sim, você desejará fazer algumas mudanças dramáticas de imediato. O seu objetivo — e a solução — se encontra em Provérbios 31.26: A mulher virtuosa do Senhor *abre sua boca com sabedoria, e o ensino da benevolência está na sua língua.*

UMA PALAVRA FALADA DE FORMA CORRETA

Antes de examinarmos o versículo que você pode usar nas orações pelo modo de falar do seu marido, aqui está um versículo que você talvez queira usar para refletir e orar por você mesma: *Como maçãs de ouro em salvas de prata, assim é a palavra dita na hora certa* (Pv 25.11).

Querida esposa, Deus pede que você fale é como maçãs de ouro em comparação a uma estrutura, obra ou escultura de prata, ou como brincos ou outros ornamentos de ouro. O seu modo de falar, especialmente em relação ao seu marido, precisa ter esse mesmo tipo de beleza. Provérbios fornece essa imagem e também nos dá várias orientações sobre como a nossa comunicação pode ser piedosa e feita da forma correta e no momento certo. As suas palavras devem ser...

- ... brandas. *A resposta branda desvia o furor, mas a palavra dura provoca a ira* (Pv 15.1). As palavras que você decide usar têm efeito sobre o seu esposo. O modo de falar áspero, forte e mordaz pode levar a discussões e brigas, ao passo que palavras brandas e gentis promovem a paz. E aqui está um fato surpreendente: A língua branda quebra até ossos (Pv 25.15)!

- ... doces. *A doçura dos lábios aumenta o saber* (Pv 16.21). Ou, como lemos em outras duas traduções: *quanto mais agradáveis são as suas palavras, mais você consegue convencer os outros* (NTLH); *quem fala com equilíbrio promove a instrução* (NVI).

- ... adequadas. *Palavras suaves são como favos de mel, doçura para a alma e saúde para o corpo* (Pv 16.24). Palavras amáveis proferidas da forma correta no momento certo têm um efeito quase medicinal tanto para o corpo quanto para a alma.

- ... limitadas. *Nas muitas palavras não falta transgressão, mas o que controla seus lábios é sensato* (Pv 10.19). Quanto mais você falar, mais certo será que você escorregará e pecará! Outra tradução da Bíblia é muito expressiva e prática na sua linguagem: *Quanto mais você fala, mais perto está de pecar; se você é sábio, controle a sua língua* (NTLH). Às vezes — não, *quase sempre* —, de acordo com este versículo, é melhor não dizer nada! Não pode haver discussão se apenas um de vocês estiver falando.

- ... tardias. *Todo homem deve estar pronto a ouvir, ser tardio para falar e tardio para se irar* (Tg 1.19). Tenha como objetivo ser *prontos para ouvir, mas não se apressem em falar nem em se irar* (NVT). Por quê? *Porque a ira do homem não produz a justiça de Deus* (v. 20).

Você quer que o seu modo de falar seja como *como maçãs de ouro em salvas de prata*? Então, concentre-se em falar com sabedoria segundo Deus quando se comunicar com o seu marido. Escolha palavras que sejam brandas, doces, adequadas e, sem dúvida, poucas!

O *seu* modo de falar é a sua prioridade número um. Isso é algo que você pode fazer com toda a certeza, porque depende completamente de você. E Deus está 100% disposto a ajudá--la a se comunicar à maneira dele — com amor, sabedoria e doçura. Você também pode orar pelo seu marido enquanto faz progresso no departamento da fala. Aqui está uma oração apenas para ele, que se baseia no versículo que aparece na primeira página deste capítulo. Ainda melhor, você pode lê-la na Bíblia.

Minha oração *pelo meu* marido

Efésios 4.29

*S*enhor, ajuda _____ a escolher as palavras dele com cuidado sempre que falar dentro ou fora de casa. Que as coisas que ele falar sejam boas, úteis, encorajadoras e de bênção para aqueles que o ouvirem. Que as palavras da boca de _____ te agradem.

Descortinando o versículo — O que significa isso?

Na passagem de Efésios 4, Paulo abordou o tópico de como um cristão transformado deve agir — o modo de falar da pessoa salva deve ser transformado por Cristo, assim como todo o restante na vida dela. Depois de dizer aos cristãos o que eles não deveriam falar, Paulo disse a eles o que tinham que proferir. No decorrer da leitura, abra o seu coração para o que Paulo está ensinando. Lembre-se de que essas instruções foram dadas por Deus a todos os crentes — homem e mulher, solteiro e casado, esposo... e esposa.

O que não deve caracterizar o modo de falar do seu marido — Não saia da vossa boca nenhuma palavra torpe. Ao procurar o significado de "torpe", encontrei sinônimos como "depravado", "obsceno" e "imundo". A versão bíblica que mais usamos neste livro traduz por algo *que cause destruição.* E assim você ora! Ore para que o seu marido não use linguagem obscena. Isso está totalmente fora do caráter de um cristão. Piadas sujas, linguajar profano, histórias indecentes, vulgaridades, conversas insinuantes e qualquer outra forma de linguagem torpe devem ser banidos dos lábios dele. Ore para Deus manter puros o coração e a mente — e a boca — dele.

É óbvio que esse era um problema para os cristãos em Éfeso, senão Paulo não precisaria ter abordado esse assunto. E, lamentavelmente, esse problema não mudou. Hoje, é impossível sair às compras ou ir a um restaurante e não ouvir linguagem vulgar, de forma explícita, muitas vezes vindo até de crianças.

É muito provável que o seu marido trabalhe em um ambiente onde a linguagem *que cause destruição* seja a regra. Então, redobre suas orações diárias pelo seu esposo. Ore para que ele fique firme e se lembre das diretrizes bíblicas para o modo de falar como Efésios 4.29 estabelece:

- Primeira diretriz: O que não falar —
  Não saia da vossa boca nenhuma palavra torpe,

- Segunda diretriz: O que falar —
  e sim unicamente a que for boa para edificação, conforme a necessidade,

- Terceira diretriz: O propósito para toda palavra —
  e, assim, transmita graça aos que ouvem.

O que deve caracterizar o modo de falar do seu marido — a que for boa para edificação, conforme a necessidade, e, assim, transmita graça aos que ouvem. Ore por este nobre objetivo para tudo o que ele falar — que seja edificante e encorajador, que abençoe os ouvintes.

- Ore para que as palavras do seu marido sejam graciosas, *como favos de mel, doçura para a alma e saúde para o corpo* (Pv 16.24).

- Ore para que você e os seus filhos sejam os primeiros receptores das palavras graciosas dele — que o falar dele *transmita* graça *aos que ouvem* e que tudo o que ele disser seja útil, construtivo, encorajador e animador.

- Ore para que o modo de falar dele seja "gracioso" e edifique a todos que cruzarem o caminho dele qualquer dia.

- Ore para o seu esposo ter consciência da necessidade de vigiar as palavras que profere. Ore para que ele incorpore estas instruções de Colossenses 4.6: *A vossa palavra seja sempre amável, temperada com sal, para saberdes como deveis responder a cada um.*

- Ore para que o seu esposo seja um homem de palavra, que as outras pessoas possam confiar no que ele diz — *Seja, porém, vosso sim, sim, e vosso não, não* (Tg 5.12).

- Ore para o seu marido se pronunciar a favor do que é certo. Isso é o que um homem espiritual deve fazer, de acordo com Provérbios 31.8,9:

Abre tua boca em favor do mudo, em favor do direito de todos os desamparados.
   Abre tua boca, julga com retidão e faze justiça aos pobres e necessitados.

- Ore pelo modo de falar e pela conduta do seu cônjuge, para que ele seja um homem *irrepreensível* [...] não dado [...] *à violência, mas amável, inimigo de discórdias* [...] *que tenha bom testemunho dos de fora* (1Tm 3.1-7).
- Ore para que o modo de falar do seu amado atraia pessoas ao Salvador. Todo cristão é um embaixador de Cristo. O modo de falar e a conduta do seu marido talvez sejam a única Bíblia que muitas pessoas lerão: *Portanto, somos embaixadores de Cristo, como se Deus vos exortasse por nosso intermédio* (2Co 5.20).
- Ore para que Deus se agrade das palavras do seu esposo. Ore para que, como o rei Davi, este seja o desejo do coração do seu marido: *As palavras da minha boca e a meditação do meu coração sejam agradáveis na tua presença,* Senhor, *minha rocha e meu redentor* (Sl 19.14).

Quando o modo de falar do seu marido agrada a Deus, ele honra a Deus e à família, abençoando o corpo da igreja e dando uma chance de o mundo estar na presença de um homem de Deus.

Palavras

Uma palavra imprudente pode suscitar divergência.
Uma palavra cruel pode acabar com uma existência.
Uma palavra bruta pode golpear e matar.
Uma palavra graciosa pode suavizar o caminho.
Uma palavra alegre pode iluminar o dia.
Uma palavra oportuna pode diminuir a tensão.[3]

---

[3] Autor desconhecido (tradução livre).

Uma oração do coração de Davi

Salmo 141.3

*S*ENHOR*, guarda a minha boca; vigia a porta dos meus lábios!*

CAPÍTULO DOZE

Orando para o seu marido agir com coragem

Não te ordenei isso? Esforça-te e sê corajoso; não tenhas medo, nem te assustes; porque o SENHOR, *teu Deus, está contigo, por onde quer que andares.*

JOSUÉ 1.9

"**D**ias comuns." Quantas situações podem se levantar em um dia comum da sua vida que fazem você sentir um nó no estômago ou na garganta por medo, dúvida ou falta de confiança? Fiz minha própria listinha de alguns dos meus dias que começaram de forma habitual. Você sabe o que é a casa em silêncio, o mundo em silêncio, o momento de tranquilidade perfeito coroado com um nascer do sol magnífico, tudo o que ocorre antes que o mundo comece a se agitar. Então, em algum momento no decorrer do dia algo acontece que produz emoções perturbadoras:

- Testemunhar um adolescente numa briga física e verbal com o pai.

- Aguentar uma viagem de avião superturbulenta.
- O pneu do carro furado em um trecho escuro da estrada.
- Enfrentar uma atuação em público, ministério ou responsabilidade do trabalho.
- Ser submetida a um procedimento cirúrgico para determinar a causa de um problema físico.
- Assistir em desespero a um filho ou neto sofrer por um problema de saúde em longo prazo.
- Lidar com um relacionamento desgastante com algum familiar.
- Levar o seu marido até o campo de manobras na base militar antes que ele seja transferido para um país estrangeiro.

CORAGEM EM MEIO AO MEDO

É fácil ficar de braços cruzados e não fazer nada quando algo acontece, não é mesmo? Você diz para você mesma: "Não se envolva. Que outra pessoa tome a frente e cuide disso". Lamentavelmente, o normal é que ninguém se envolva! Todos nós já ouvimos histórias angustiantes de pessoas morrendo em áreas públicas, porque ninguém parou nem se ofereceu para ajudar ou pelo menos chamar o resgate.

Neste capítulo, conversaremos sobre a oração para que o seu marido seja um homem de coragem. Mas nós sabemos que também precisamos de coragem para milhares de situações que exigem que ajamos, tomemos uma posição, nos pronunciemos ou tomemos uma decisão problemática e façamos algo difícil. Sei que eu preciso. Afinal de contas, fui eu que criei a lista de situações acima!

Ao passarmos por esse tópico, lembre-se que coragem não é ausência de medo. *Coragem é ter a capacidade de agir em meio ao medo.* Há muitos exemplos inspiradores de coragem entre as mulheres da Bíblia, mas o grupo de mulheres fiéis e destemidas que seguiu Jesus tem que estar no topo da minha lista de pessoas corajosas! Daqui a pouco falaremos do seu marido; primeiro, vamos passar um tempo só entre meninas olhando para essas damas que há séculos têm instruído e inspirado mulheres a se levantarem, serem fortes e, com a ajuda de Deus, fazerem o que precisa ser feito.

As mulheres na crucificação de Jesus — Há algumas mulheres na Bíblia que para mim é impossível não mencionar ou pensar a seu respeito com frequência suficiente, porque foram muito corajosas em sua fidelidade ao nosso Senhor Jesus, a qualquer custo e independentemente do perigo ou da incompreensão. Foram as mulheres que se agruparam na crucificação de Jesus e que, apesar dos riscos e da possibilidade de serem fisicamente feridas e criticadas pelos outros, fizeram o que era certo.

Você consegue imaginar a cena do dia em que Jesus morreu? O céu escureceu, embora ainda fosse dia. Ocorreram terremotos, rochas se partiram, tumbas havia muito tempo seladas foram abertas e muitos dos salvos da Antiguidade que haviam morrido se levantaram do túmulo e andavam por toda parte.

Aquela era uma visão e uma experiência tão assustadoras que até os calejados soldados romanos *ficaram aterrorizados* (Mt 27.54). E todos, exceto um dos discípulos de Jesus, fugiram dessa cena horripilante de puro caos, deixando o fiel Amigo, Mestre, Salvador e Senhor em sua hora de sofrimento e morte.

Em meio a esse terrível, perigoso e perturbador cenário de agonia e agitação histérica, vemos que *muitas mulheres, que haviam seguido Jesus desde a Galileia para ouvi-lo, também estavam ali, olhando de longe* (v. 55). Essas mulheres foram realmente corajosas em um momento quando toda a normalidade havia desaparecido e a vida girava fora de

188 O PODER DA ORAÇÃO PELO CASAMENTO

controle, fazendo que todos os presentes temessem por sua vida.

"Por que", você deve estar perguntando em conjunto comigo, "essas mulheres foram tão valentes em meio a uma situação horrenda e perigosa enquanto os outros se escondiam ou fugiam de medo?"

A resposta é amor — amor por Jesus. O amor que elas tinham pelo Amigo e Mestre era tão grande que repeliu o medo que sentiam. Elas vivenciaram a verdade de que *no amor não há medo, pelo contrário, o perfeito amor elimina o medo* (1Jo 4.18). E a sua fé em Deus era tão firme e forte que elas agiram com coragem. Talvez elas estivessem com ousadia trazendo à memória que deviam confiar no Senhor, como o salmista no Salmo 56.4: *Em Deus, cuja palavra eu louvo, em Deus ponho a minha confiança e não terei medo. Que poderá fazer o mortal?*

A fé em Deus sempre é o antídoto para o medo. A necessidade de ter coragem para repelir e resistir aos temores da morte, do sofrimento, da perda, da tragédia, da doença e da dor encontra sua força no Senhor. É como Jesus ensinou e alertou: *Que tenhais paz em mim. No mundo tereis tribulações; mas não vos desanimeis! Eu venci o mundo* (Jo 16.33). Então, quando chegarem as provações, sejam elas o que forem e qualquer que seja sua magnitude, espere em Jesus. Que ele e a presença dele substituam os temores pela coragem dele.

Em geral, as nossas oportunidades de demonstrar coragem não envolvem o perigo. Mas o medo sempre é um elemento em meio ao sofrimento e à dor. É por isso que o exemplo dessas mulheres reforça a nossa coragem. A fidelidade e a coragem delas, ainda que abaladas, é um exemplo para nós em nossas árduas situações e confrontações. A fé e a confiança que tinham em Deus as capacitaram com a bravura necessária para enfrentar o perigo por se identificarem com o Salvador, que fora desprezado, rejeitado e estava sendo levado à morte.

Esse grupo de mulheres simples, de diferentes condições de vida, estava disposto a se posicionar a favor de Jesus, a se identificar com ele e a servi-lo até o fim. Você tem esse tipo de comprometimento com o Senhor e as coisas pelas quais ele se posiciona a favor e contra? Se você tiver pouca ou nenhuma determinação, ore! Peça para Deus aprofundar o seu amor e fé por Jesus, a fim de que também tenha coragem de viver por Jesus todo e qualquer dia, venha o que vier.

O homem que defendeu a cruz — Agora avance uns 1.500 anos após o tempo de Jesus e dessas nobres mulheres, até 1517. Aqui encontramos um padre alemão com 34 anos de idade chamado Martinho Lutero. Já ouvi o meu marido contar a história de Martinho Lutero milhões de vezes em sermões e conferências de pastores e grupos de homens como exemplo de posicionamento pelo que acreditamos — de coragem. Então, estou passando adiante a mensagem de Jim a você.

Em seu tempo, Martinho Lutero ficou indignado que estivessem ensinando ao povo que a liberdade da punição divina por causa do pecado poderia ser adquirida com dinheiro. Ofereciam-se às pessoas as chamadas "indulgências", que foram descritas em um édito do papa Leão X. Lutero confrontou a comercialização das indulgências com as 95 teses que ele afixou na porta da Igreja de Todos os Santos, em Wittenberg, Alemanha. Essa lista então famosa criticava o papa e explicava que a venda desses "passes livres para livrar-se da condenação ao purgatório" era religiosamente incorreta. A morte de Cristo era a única coisa que poderia livrar alguém da penalidade por seus pecados, e não o pagamento de dinheiro à Igreja!

190 O PODER DA ORAÇÃO PELO CASAMENTO

Lutero sabia da gravidade de suas citações oficiais em razão de suas críticas à venda de indulgências. Mas ainda assim ele compareceu, conforme ordenado, em 17 de abril de 1521, diante da Dieta de Worms, uma assembleia geral da Igreja Católica na pequena cidade de Worms, Alemanha. Ali, foi apresentada a Lutero a lista de seus escritos. Então lhe fizeram duas perguntas: se os livros eram dele e se ele defendia seu conteúdo.

Lutero pediu tempo para pensar sobre a resposta. Ele recebeu o prazo de um dia para apresentar uma réplica. Depois de ser dispensado, Lutero orou e se consultou com os seus amigos. Quando foi trazido diante de seus acusadores no dia seguinte, ele rapidamente confirmou que era o autor dos escritos. Então, em resposta à segunda pergunta — se ele defendia seu conteúdo —, ele disse isto:

> A menos que eu seja convencido pelo testemunho das Escrituras ou por clara razão (pois não confio no papa nem em conselhos somente, já que é bem sabido que costumam cometer erros e contradições), sujeito-me às Escrituras que mencionei e minha consciência está cativa à palavra de Deus. Não posso nem quero negar nada, já que não é seguro nem certo ir contra minha consciência. Que Deus me ajude. Amém.[1]

Martinho Lutero também é mencionado como tendo dito nessa mesma reunião: "Aqui estou. Não posso fazer outra coisa". Mas, independentemente da extensão total de sua declaração, os efeitos destas tão conhecidas Noventa e Cinco Teses foram enormes. A coragem de Lutero — sua disposição

---

[1] BRECHT, Martin. *Martin Luther.* Trad. James L. Schaaf. Philadelphia: Fortress Press, 1985-1993, v. 1, p. 460.

de permanecer fiel às suas convicções — foi a faísca que acenderia a grande Reforma Protestante.

ORANDO POR CORAGEM

Nós podemos apenas imaginar o número de orações que as mulheres presentes na crucificação de Jesus e Martinho Lutero lançaram ao céu durante seus suplícios. E podemos apenas supor a intensidade e o fervor dessas orações! Com toda a certeza, todos os cristãos devem não apenas orar por coragem em meio a provações e sofrimentos ardentes, mas também orar por coragem como rotina.

Deus tem três palavras para você ou o seu marido quando tiverem de enfrentar, suportar ou ser surpreendidos pelos desafios da vida: Não tenha medo.

Essas palavras foram ditas por Deus a Josué, que se tornou o líder dos filhos de Israel depois da morte de Moisés. De repente, esperava-se que Josué liderasse um grupo enorme de pessoas — mais de dois milhões de pessoas! Não é de admirar que Deus tenha encorajado seu novo líder repetidas vezes. Ele gastou uma quantia considerável de tempo fortalecendo a coragem de Josué e admoestando-o quanto aos perigos do medo (Js 1.1-9).

Então, se Deus demorou tanto para encorajar seu "varão" a ser valente, não seria o caso de você e eu fazermos o mesmo pelo nosso "varão", o nosso marido? Por isso Josué 1.9 é um versículo tão importante para você usar nas orações pelo seu esposo: *Não te ordenei isso? Esforça-te e sê corajoso; não tenhas medo, nem te assustes; porque o* SENHOR, *teu Deus, está contigo, por onde quer que andares.*

Minha oração *pelo meu* marido

Josué 1.9

Senhor Jesus, obrigada porque tu estás ao lado do meu precioso _____ agora e em todos os momentos. Ajuda _____ a perceber a tua poderosa presença quando ele precisar ser corajoso e viver com bravura como cristão. Encoraja _____ a se manifestar quando for a coisa certa a ser feita e a permanecer firme nas situações difíceis. Amém.

O medo costuma ser visto com algo reservado aos fracos. Mas Josué não era nem um pouco fraco. Ele era um autêntico líder segundo o coração de Deus, digno de ser estudado quanto à liderança. Você pode ler a história dele no livro bíblico de Josué. Uma vez que começar a ler sobre ele, logo descobrirá que Josué tinha um caso grave de "temores".

A posição de Josué como líder do povo de Deus, os israelitas (Js 1.1), teve um início abrupto. Em um minuto, Josué era servo e seguidor de Moisés... no minuto seguinte Deus o pôs no comando.

Parece que, com esse chamado repentino para ser líder, Josué estava bem temeroso e ansioso. Mas Deus não censurou o temor de Josué. Ele apenas instruiu, exortou e encorajou Josué a ser forte e superar o medo, confiando no Senhor. Os receios de Josué eram justificados, por causa do...

- antecessor de Josué, Moisés. Esperavam que Josué seguisse os passos do maior líder de todos os tempos — o mesmo

Moisés que falou com Deus e de forma milagrosa conduziu o povo de Israel para fora do Egito. Então havia...

- o exército de Josué, se é que pode ser chamado assim! Seus homens eram um bando de pessoas simples com muito pouco ou nenhum treinamento militar ou experiência de batalha. E, finalmente, havia...

- o inimigo de Josué que habitava a terra. Josué os tinha visto com os próprios olhos. Eles eram gigantes — literalmente. Eram tribos selvagens que se recusavam a abrir mão de sua terra sem uma luta feroz (Nm 13.32; 14.45).

- Deus conhecia Josué, conhece você e o seu marido também. Ele também sabe que você é forte em muitos aspectos, mas ainda tende a ter os seus próprios receios e dúvidas. Mas não se preocupe! Deus disse a Josué — e fala da mesma forma a você e ao seu esposo: Sê corajoso; não tenhas medo. Por quê? Como? Porque o SENHOR, teu Deus, está contigo, por onde quer que andares.

Então, qualquer coisa que você e o seu cônjuge estiverem enfrentando neste momento ou virão a enfrentar no futuro, ambos podem tirar partido de três razões por que vocês podem sempre agir com coragem. Essas três razões dizem por que vocês nunca precisam deixar que o medo os imobilize — por que vocês podem ser corajosos ao lutarem as batalhas que os dois estão enfrentando agora e virão a enfrentar no futuro.

Primeira razão: A coragem brota do caráter de Deus — Deus disse a Josué: *Esforça-te e sê corajoso* (Js 1.9). Deus era como um técnico — o máximo dos técnicos — nos bastidores, encorajando Josué, em essência dizendo: "Lidere esse povo à vitória — dê essa terra a eles! Você consegue, Josué!"

"Por que, senhor?", talvez perguntássemos em coro com Josué.

"Porque jurei a seus pais dar a eles a posse dessa terra", o Senhor explicou (cf. v. 6).

Fim de discussão! Deus prometeu e... era como se já tivesse feito.

Josué tinha que ir à batalha. Isso estava estabelecido. Mas o propósito, a promessa e a palavra de encorajamento de Deus significavam que Josué poderia entrar na batalha com coragem, sabendo que Deus, que não pode mentir, havia prometido a vitória. Deus não permitiria que Josué fracassasse nem falhasse em cumprir a promessa divina ao povo.

Entender o caráter de Deus dá segurança a você e ao seu marido de que Deus é capaz de cumprir as promessas que apresentou na Palavra dele. Ele promete vitória a você também: *Mas, graças a Deus, que em Cristo* SEMPRE *nos conduz em triunfo* (2Co 2.14, grifo nosso). E, assim como Josué, você precisa confiar que Deus fará o que prometeu.

Seu triunfo em Deus é certo. A promessa de vitória deveria dar a você coragem e confiança nas batalhas que enfrenta e nos combates da sua vida diária. A confiança na promessa de que Deus dá coragem é o que você está pedindo em oração pelo seu amado — uma coragem que vem de lembrar e reconhecer o caráter de Deus. É verdade o que dizem: "O que você acredita influencia o seu comportamento". Se o seu esposo crê em um Deus todo poderoso que cumpre as suas promessas, então ele terá coragem de agir de acordo com essas convicções. É por *isso* que você está orando, querida amiga!

Segunda razão: A coragem se multiplica com a consciência da presença de Deus — porque o SENHOR, *teu Deus, está contigo.* Registre bem isto: Deus prometeu estar com Josué. Essa é a terceira vez que Deus disse ao seu servo: *Esforça-te e sê corajoso.* E,

ORANDO PARA O SEU MARIDO AGIR COM CORAGEM 195

então o Senhor acrescentou: *Não tenhas medo, nem te assustes.* Por quê? *Porque o SENHOR, teu Deus, está contigo* (Js 1.9).

Estou certa de que o seu marido enfrenta uma série de situações difíceis, ou que talvez ele esteja passando por alguma doença ou prejuízo neste momento. Pode ser que ele esteja se preparando para participar de uma reunião árdua no trabalho ou esteja envolvido em cumprir algum compromisso inflexível e exigente, e precise segurar as pontas e ser valente. Ou quem sabe ele esteja se preparando para fazer um discurso ou dar aula na igreja ou em algum grupo de estudo bíblico. Todas essas são situações em que é necessário ter coragem. E assim você ora!

Tenho certeza de que você também consegue se identificar com algumas dessas situações estressantes. Todos já estiveram em algum lugar onde precisaram ser valentes e se sair bem ou chegar até o fim. Às vezes, todos nós precisamos ser corajosos. E assim oramos!

Também estou certa de que você sabe quanto é encorajador quando está por perto para incentivar o seu marido. O seu apoio — e a consciência de que você está orando — pode fornecer o estímulo para ele fazer o melhor que pode. A sua presença dá a ele coragem extra para fazer o certo.

Bem, para o seu marido é ainda mais motivador saber que Deus está sempre por perto — ali com ele, estando você presente ou não — independentemente do que acontecer e aonde ele for. Esse era o segredo da coragem de Josué e também deveria ser o segredo da coragem do seu esposo ao atravessar todo e qualquer desafio. Você está captando quanto é importante orar para que o seu companheiro entenda que Deus está com ele?

Aqui está outra reflexão sobre a presença de Deus: Um segredo para ter coragem é perceber que o medo é natural, mas a presença de Deus ao seu lado, em todo o tempo, é

196 O PODER DA ORAÇÃO PELO CASAMENTO

sobrenatural. Quando traz essa verdade à memória, você começa a ser bem-sucedida em vencer os seus temores e ganhar a força e a coragem necessárias para os deveres — e desafios — que o Senhor colocar no seu caminho. Você recebe força sempre que se lembra do que Jesus prometeu: *Eu estou convosco todos os dias, até o final dos tempos* (Mt 28.20) e *Nunca te deixarei, jamais te desampararei* (Hb 13.5).

Terceira razão: A coragem se expande com a direção de Deus — o SENHOR, *teu Deus, está contigo, por onde quer que andares.* Talvez Josué ainda estivesse hesitando e duvidando. Quem sabe ele não estivesse plenamente certo se queria o encargo ou se poderia dar conta. Estou certa de que o seu esposo consegue se identificar com isso! Mas, independentemente do que estivesse se passando na cabeça de Josué, Deus disse novamente, pela segunda vez: *Apenas esforça-te e sê corajoso* (Js 1.7). Em essência, Deus orientou o seu servo hesitante escolhido a dedo: "*Apenas* seja corajoso, Josué"!

"Por quê, Senhor?"

"Porque eu estou com você aonde quer que vá!"

Deus estava dizendo: "Josué, eu o guiarei com a minha presença. Eu serei o seu plano de batalha e o levarei ao triunfo! E estou dando toda a força de que você precisará para ser capaz, para fazer isso acontecer — para ser bem-sucedido".

Deus deu direção a Josué e pode dar direção ao seu marido também. Como? Hoje, Deus orienta por meio de sua Palavra. Então, como Deus preveniu Josué: *Cuidando de obedecer a toda a lei que meu servo Moisés te ordenou* (v. 7). Por essa razão você está orando para o seu marido gastar tempo lendo a Bíblia, a fim de que ele possa agir de acordo com o que lê nela.

Jim contou-me uma vez sobre um time de futebol americano que foi derrotado por um time mais fraco em um campeonato. Não importava que plano eles pusessem em ação, parecia que o oponente sabia exatamente como se defender contra a jogada. Os técnicos do time mais forte estavam desconcertados ao tentar assimilar a derrota. Então, algum tempo depois, o mistério foi resolvido: O time oponente, de alguma forma, pegou uma das cartilhas de jogadas do time deles. A cartilha roubada serviu ao time adversário como um guia para a vitória. Eles conheciam cada jogada que o outro time possivelmente tentaria.

Deus conhece todas as jogadas de Satanás, todos os seus "truques". E Deus deu uma cartilha para o seu marido também — a Bíblia. Para qualquer coisa que Satanás tentar contra o seu esposo, qualquer que seja o modo de ele tentar o seu marido, a Bíblia tem uma defesa. Estar armado com o conhecimento da cartilha de Deus significa que o seu marido pode fazer uma defesa forte e bem-sucedida contra o medo e contra as setas inflamadas do Maligno (Ef 6.16).

Minha amiga de oração e companheira dedicada, tenha como propósito orar para que o seu cônjuge siga o conselho de Deus a Josué. Ore para que ele não se distraia, não desvie os olhos de Jesus ou perca a coragem. Foi isso que Pedro fez quando estava andando milagrosamente sobre a água em direção a Jesus — ele colocou o foco nas ondas, em vez de em Cristo, e começou a afundar (cf. Mt 14.29,30). Ore para que o seu esposo não vire nem para a direita nem para a esquerda, mas que mantenha o foco dele em Deus e em sua cartilha para a vida. Assim, ele terá bom êxito... aonde quer que for (cf. Js 1.8,9).

UM PERFIL DE CORAGEM

Em seu livro vencedor do Prêmio Pulitzer, escrito em 1955, intitulado *Perfis de coragem*, o falecido presidente dos Estados Unidos John F. Kennedy registrou em forma de crônica as histórias de vida de seis senadores dos Estados Unidos. Ele descreveu e esboçou como esses homens suportaram as pressões do serviço público — os riscos à carreira, a popularidade com o povo, a difamação do caráter — todos com grande coragem.[2]

Presumo que o termo e o ato de *avaliar o perfil de alguém* não sejam politicamente corretos e que possam ser abusivos e causar grandes prejuízos. Em inglês, existe a palavra *profiling* para isso, que significa o simples ato de desenvolver uma lista de características que representam alguém ou algo. Então, é isso o que fazemos com tal lista que causa problemas para algumas pessoas. Mas, se criarmos uma lista de características para a qualidade da coragem, como ela deveria ser para que saibamos orar pelo nosso marido?

A coragem começa no coração — Coragem não é uma emoção instantânea ou uma reação automática. O ponto de partida para a coragem do seu companheiro é o coração. A coragem tem uma causa profunda. A causa de Josué era a conquista da terra prometida. Você está orando para o seu marido desenvolver um coração voltado para Deus. Se ele acreditar firmemente em algo, essa fé vai atiçar a chama da coragem dele. *Porque, como imaginou no seu coração, assim é ele* (Pv 23.7).

A coragem corre riscos — Correr riscos parece ser um denominador comum a pessoas corajosas. Não estou falando sobre os tipos tolos e temerários de riscos. Estou falando sobre os riscos de fé e convicção! As mulheres que permaneceram com Jesus na crucificação assumiram riscos. Assim como Abraão, quando deixou seu lar para viajar até uma terra estranha apenas porque Deus ordenou que ele fosse.

Missionários também correm riscos. Os nossos amigos Tim e Nancy foram literalmente tirados da Líbia de helicóptero

---

[2] KENNEDY, John F. *Perfis de coragem*. Rio de Janeiro: Casa dos Livros Editora Ltda., 2017.

ORANDO PARA O SEU MARIDO AGIR COM CORAGEM **199**

com a roupa do corpo somente. Eles tiveram permissão para levar apenas um item — e cada um deles levou um dos dois filhos nas costas. O que eles fizeram depois de tamanho suplício? Foram para a segurança do lar? Escreveram uma carta de demissão para a agência missionária deles? Tiraram uma longa licença? Não, eles corajosamente assumiram o risco, foram para outro campo missionário e recomeçaram do zero. A coragem não é acanhada. Ore para que o seu marido corra riscos com ousadia para fazer o que for certo!

A coragem se empenha para alcançar o impossível — Não é necessário ter muita coragem para fazer o ordinário. Fazer o que é rotineiro é simplesmente fazer a sua obrigação. Mas se empenhar para alcançar o impossível requer audácia — ou atrevimento. Por exemplo: o que Neemias estava pensando em fazer era impossível. Afinal de contas, por pelo menos noventa anos, muitos outros fracassaram na reconstrução dos muros em volta de Jerusalém e no restabelecimento da cidade de Deus. Contudo sob a liderança corajosa e convicta de Neemias, o muro foi reconstruído — em apenas 52 dias! Da próxima vez que o seu marido precisar de uma dose de coragem, faça-o lembrar de como Deus ajudou Neemias. Sempre é possível fazer o que é certo e o que é da vontade de Deus — com coragem.

A coragem requer um posicionamento — Juntos, você e o seu cônjuge passam a vida de casados inteira construindo a reputação e a posição social de vocês. A reputação de vocês é importante e deveria ser mesmo! Mas vocês estariam dispostos a perder tudo pelo que trabalharam se isso significasse se posicionar e mostrar a sua lealdade a Jesus Cristo?

Hoje, muitas pessoas tratam a Bíblia e Jesus com desdém. Agora é a hora de avançar e dar testemunho do que Cristo fez por vocês, individualmente e como casal. Agora é a hora de vocês serem corajosos, de se manifestarem e serem imputados como seguidores de Jesus Cristo. Espera-se que outros se manifestem junto a vocês dois. Mas, mesmo se vocês precisarem se posicionar sozinhos, não estão sós. Jesus está com vocês!

A coragem faz o certo — A coragem nunca ficará ultrapassada. Isso porque sempre é o momento certo para fazer as escolhas certas. E não é de surpreender que as escolhas corretas sejam normalmente as escolhas difíceis. A coragem faz o que é certo, que é o que está de acordo com a Bíblia. E a coragem faz o que é certo mesmo diante do risco de ser criticada ou rotulada como "politicamente incorreta". Uma vida de oração intensa, mesmo que você seja a única pessoa orando, guiará vocês enquanto você e o seu marido buscam fazer o que é certo.

DEUS ESTÁ PROCURANDO HOMENS E MULHERES DE CORAGEM

Deus está procurando homens e mulheres para lutar batalhas morais, físicas, políticas e espirituais. Ele está procurando aqueles que possuam coragem espiritual para confiar nele e levar a fé que têm no Senhor para as batalhas da vida diária. Ele está procurando indivíduos e casais que possuam coragem para:

- defender a Cristo em público, no trabalho e em casa;
- ser modelo de um caráter piedoso aos demais;
- tirar a família do mundanismo e levá-la à santidade;
- viver uma vida consistente para Cristo, qualquer que seja o custo.

Será que Deus pode contar com você? Sei que você não pode responder pelo seu marido, mas pode responder por você mesma e orar para que, se não hoje, em breve o seu cônjuge se junte a você no círculo da coragem de Deus. Tudo bem se você não se sentir muito corajosa e o seu esposo ainda não tiver chegado a esse ponto. Não há vergonha nenhuma nisso. Todos os gigantes da fé, como Abraão, Josué e Neemias, tiveram momentos em que fraquejaram, mas eles não caíram. Desfrute destes passos que fortalecerão a sua coragem como casal e compartilhe-os com o seu amado:

1. Você pode sempre extrair força, poder e determinação do caráter, da Palavra e da presença de Deus (Js 1.8,9).

2. Você deve determinar seus padrões. Saiba em que você acredita e por quê. A coragem emerge uma vez que você estiver disposta a lutar por esses padrões.

3. A sua coragem precisa ser testada. Não tenha medo de se desafiar. A coragem vem conforme você supera os obstáculos de forma constante, o que a faz mais forte para o próximo teste de coragem.

4. Você se sentirá encorajada quando lembrar que Deus está com você. Ele está presente — sempre ao seu lado — para ajudá-la a lutar as suas batalhas quando e onde elas acontecerem. Seja forte e corajosa! Se Deus está conosco e nós estamos com ele, não temos nada a temer.[3]

Uma oração do coração

[3] GEORGE, Jim. *What God Wants to Do for You.* Eugene, OR: Harvest House, 2004, p. 48.

de Pedro

1Pedro 5.10

E o Deus de toda graça, que em Cristo vos chamou à sua eterna glória [...] vos haverá de reabilitar, confirmar, fortalecer e alicerçar.

CAPÍTULO TREZE

Orando pela caminhada *do seu marido* com Deus

Andai pelo Espírito e nunca satisfareis os desejos da carne.

GÁLATAS 5.16

Nos Estados Unidos, quando pensamos em produção de maçãs, logo nos vem à mente o estado de Washington, onde Jim e eu moramos. E temos uma macieira no quintal em frente da nossa casa. Isso significa que todo ano podemos testemunhar o processo que Deus criou para a milagrosa produção das maçãs — do início ao fim. Converse com qualquer pessoa que tenha uma árvore frutífera produtiva e você ouvirá sobre todo o trabalho necessário para cuidar, melhorar e aumentar a safra da fruta. A pessoa que cuida de uma árvore frutífera cultiva, fertiliza, rega, poda, pulveriza, posiciona e protege a árvore. E o esforço de um ano inteiro é finalmente — *finalmente!* — recompensado com frutas em abundância para cozinhar, congelar, secar e até enlatar. O trabalho árduo tem seu dia de pagamento.

Ao pensar em nossa maravilhosa macieira, não consigo deixar de imaginar o fruto da nossa vida como cristão. Será que você e eu deveríamos prestar menos atenção à nossa própria capacidade de dar frutos — em nosso caso, o fruto espiritual — do que damos a uma macieira? Será que não deveríamos estar cultivando de modo ativo o fruto do Espírito na nossa vida a fim de refletirmos a glória de Deus e a beleza de Cristo?

O que exatamente podemos fazer para estimular o crescimento dos frutos espirituais? Existem passos práticos que podemos dar para agir em conjunto a fim de nos tornarmos mais parecidas com Jesus? E outra pergunta tão importante quanto as outras é: O que podemos fazer para encorajar o nosso marido a dar esses passos práticos no sentido de ser um cristão que dá frutos?

Ao continuarmos a considerar textos bíblicos que podemos usar nas nossas orações pelo nosso marido, agora chegamos a Gálatas 5.16: *Andai pelo Espírito e nunca satisfareis os desejos da carne.* Antes de ver como podemos usar esse versículo em nossas orações pelo nosso esposo, comecemos pelo ponto de partida espiritual.

O DOM DO ESPÍRITO SANTO

Se você e o seu esposo tiverem filhos, eles possuem parte da sua essência — o seu DNA. De forma semelhante, quando aceitou Jesus como o seu Senhor e Salvador, você se tornou uma nova criatura, possuindo uma parte da personalidade de Deus, uma parte do DNA dele, por assim dizer. Ele transmitiu o Espírito Santo a você por meio de sua união com o Filho dele, Jesus Cristo. Esse presente de Deus é descrito como "Espírito de Jesus" (2Co 5.17; Fp 1.9).

Minha amiga, o grande dom do Espírito Santo é que dá a você a capacidade para viver uma vida piedosa. O Espírito

Santo dá a você e ao seu amado (se ele for convertido) todos os recursos espirituais de que ambos precisam para ter o tipo de casamento que Deus quer.

TIRANDO PROVEITO DO PODER DE DEUS

Então, a questão é esta: Como você e o seu marido podem tirar proveito desse poder espiritual interno? É aí onde entra o nosso versículo-base para usarmos nas nossas orações. Leia mais uma vez Gálatas 5.16 na Bíblia ou na primeira página deste capítulo. Faça-o entrar na sua mente e no seu coração, e então veremos o que ele significa e como podemos colocá-lo em prática no nosso compromisso de orar pelo nosso esposo. Com base no nosso versículo, aqui está um exemplo de oração que você pode usar todo dia:

Minha oração pelo meu marido

Gálatas 5.16

Querido Senhor, minha oração é que _____ se submeta e seja guiado pelo Espírito Santo hoje e todos os dias. Que ele seja dirigido a cada momento do dia ao tomar decisões. Guarda e capacita _____ para não sucumbir aos desejos da carne, mas a andar pelo Espírito.

Ao ler e usar esse versículo como oração, lembre-se da fonte dele. O apóstolo Paulo escreveu esses dizeres. Ele havia acabado de apresentar, um versículo antes, uma imagem do que acontece quando os cristãos deixam de amar ou servir uns aos outros: *Mas se mordeis e devorais uns aos outros, cuidado*

para não vos destruirdes mutuamente. Essa é uma ilustração assustadora de um bando de animais selvagens atacando e matando ferozmente uns aos outros. Essa figura chocante ilustra o que acontece quando os crentes em Cristo deixam de se voltar para Deus e depender do poder do Espírito — o que acontece quando permitimos que a nossa natureza pecaminosa tome o controle. Então, qual é a solução? Preste atenção a estes três elementos nesse único versículo.

1. *A ordem — Andai.* Pense mais uma vez sobre o esforço necessário para Jim e eu mantermos a nossa macieira a fim de que ela dê frutos. Bem, "andai" é uma ordem de Deus ao seu povo para se esforçar — para fazer alguma coisa! Quando o pecado bate à sua porta, você tem uma escolha. Você pode se deitar, sentar ou ficar lá e não fazer nada a respeito. Ou pode andar. Andar se refere a movimento, ação, direção, esforço. Em que direção você e o seu marido deveriam estar seguindo?

2. *A direção — pelo Espírito.* Como cristã, há outra escolha que você pode fazer — você pode escolher em que direção andar. Paulo está dizendo que você deve se mover sob o domínio ou sob a influência do Espírito Santo. Essa é outra forma de descrever o ser cheio do Espírito. Quando anda no Espírito, você está escolhendo obedecer a Deus e a seus mandamentos. Você está escolhendo permitir que ele influencie a sua direção — ser controlada pelo Espírito e fazer o que Deus quer que você faça. Quando anda pelo Espírito, você tem o Espírito Santo de Deus guiando e instruindo você. Ele está ajudando, capacitando e dando poder para você agir da maneira correta e tomar as decisões certas. Quando você enfrenta o seu dia cheia do Espírito, os seus pés estão no caminho certo.

Isso, minha companheira guerreira de oração, é o que você está orando para que também ocorra no coração do seu marido — que ele obedeça ao *andai pelo Espírito*.

3. *A alternativa* — ... *nunca satisfareis os desejos da carne.* Este é um fato da vida: existe uma batalha em andamento dentro de você. A batalha é entre o Espírito e o seu velho homem — a sua natureza humana pecaminosa, o que Paulo chama de *desejos da carne.* No versículo 17, Paulo descreve este conflito: *Porque a carne luta contra o Espírito, e o Espírito, contra a carne. Eles se opõem um ao outro, de modo que não conseguis fazer o que quereis.*

Mais uma vez, você tem uma escolha. Quando escolhe obedecer a Deus e andar pelo Espírito, você não realiza os desejos da carne. Em vez disso, você exibe o que é chamado de fruto do Espírito. Esse fruto, ou comportamento, sobrenatural é descrito nos versículos 22 e 23.

O FRUTO DO ESPÍRITO

Ao longo de toda a Bíblia, a palavra "fruto" se refere à evidência do que está do lado de dentro. Qualquer pessoa que recebeu Jesus como Salvador tem o Senhor vivendo dentro dela, e essa presença do Espírito de Jesus que habita nela se revelará como bom "fruto" — o *fruto de justiça* (Fp 1.11). Confira alguns breves fatos sobre o fruto do Espírito:

- O comportamento espiritual segundo Deus é expresso em forma de amor, alegria, paz, paciência, benignidade, bondade, fidelidade, mansidão e domínio próprio.
- Cada fruto do Espírito é ordenado nas Escrituras: *Andai pelo Espírito* (Gl 5.16).
- Cada fruto, já que é uma ordem, exige uma decisão, uma escolha. Você vai ou não andar pelo Espírito? Se

você decidir que sim, *nunca satisfareis os desejos da carne* (Gl 5.16).

* Cada fruto do Espírito é ilustrado e visto na vida de Cristo. Andar pelo Espírito significa ser controlado pelo Espírito. Isso significa agir como Jesus. Jesus andou a cada momento no Espírito e pelo Espírito. Portanto, a vida dele exibia de forma habitual e completa um comportamento espiritual. Ele vivia em constante alegria, ele amava de forma perfeita etc.

Esse comportamento espiritual — o fruto do Espírito — é o que você e seu marido podem esperar ver um no outro quando andarem com Jesus e viverem como ele.

Se você estiver se perguntando: "E se meu marido não for cristão?" Se ele não for, não conhece Jesus e não sabe como ele é. Mas o seu cônjuge conhece *você* e pode ver *você* — e Jesus em *você*! Quando anda no Espírito, você age e reage como Cristo, e isso o seu companheiro não pode deixar passar. Sim, você vai orar, orar — e orar pela salvação do seu marido. Você também vai orar por você mesma, para que mostre a ele, por meio da sua vida, como Jesus agiria se ele estivesse vivendo debaixo do mesmo teto com você e o seu esposo. Você mostra o seu Redentor ao seu amado por meio da exteriorização da sua vida redimida.

ANDANDO PELO ESPÍRITO

Se o seu marido for cristão, espero que você louve a Deus com todo o seu fôlego de vida! Tanto Jim quanto eu já vimos — e experimentamos — a tensão que ocorre em um casamento quando um dos cônjuges não é salvo. Na verdade, nós fomos um casal assim nos primeiros oito anos do nosso casamento.

Além de louvar a Deus todos os dias pelo fato de o seu querido estar em Cristo, ore para que ele também se submeta

ORANDO PELA CAMINHADA DO SEU MARIDO COM DEUS **209**

ao poder do Espírito que habita dentro dele e seja um imitador de Cristo.

Quando você e o seu esposo estiverem andando pelo Espírito, ambos exibirão o fruto do Espírito a seguir:

O fruto do amor — Amor é sacrifício pessoal. Essa simples definição elucida o que a Bíblia ensina sobre o amor. "Amor não é uma emoção. É um ato de sacrifício pessoal. Não é necessariamente sentir amor com relação a uma pessoa em particular. Pode não haver nenhuma emoção ligada a ele."[1] O tipo de amor que vem de Deus não é o amor retratado pelo mundo. O tipo de amor do mundo é uma emoção básica, enquanto a Bíblia descreve o amor desta forma: *Mas Deus prova o seu amor para conosco ao ter Cristo morrido por nós quando ainda éramos pecadores* (Rm 5.8). Não percebemos nenhuma emoção nesse versículo, mas com certeza vemos que o amor de Deus envolveu o maior sacrifício que alguém possa fazer.

Este é um livro sobre amar ao seu marido o suficiente para orar por ele. Na verdade, o seu companheiro é a primeira pessoa que deveria receber o transbordamento do seu amor por Deus e as suas orações a Deus.

As emoções saudáveis e positivas contribuem para um casamento saudável, mas o tipo de amor que vem de Deus vai além do que é externo e superficial. O tipo de amor do mundo é condicional: "Eu o amo, se você me amar". É transitório: "Eu não o amo mais" ou "Não estou mais apaixonado por você". Em contraste a isso, o tipo de amor que vem de Deus é incondicional: "Eu o amo de qualquer jeito".

Quando o marido (ou a esposa) está andando pelo Espírito, o seu amor é duradouro, inabalável, imparcial e disposto

---

[1] MACARTHUR, John. *Liberty in Christ*. Panorama City, CA: Word of Grace Communications, 1986, p. 88.

a se sacrificar pelo bem do cônjuge e dos filhos. Quando o seu esposo for cheio do Espírito, o amor dele será demonstrado em ações. E é para isso que você está orando!

Uma **pausa** *para orar*

*P*ai *de todo amor, oro que o amor de* _____ *por ti e pela nossa família se manifeste na disposição de ele ser um sacrifício vivo diário, conforme ele doa seu tempo e seus esforços à família.*

O fruto da alegria — Quando a vida está boa, as coisas vão bem em casa e os problemas são poucos e esporádicos, o louvor e a gratidão fluem livremente do seu coração e dos seus lábios. Quando o sol está brilhando forte sobre a sua vida, você fica feliz. Mas, quando a vida se torna obscura e tempestuosa, o louvor e a gratidão não fluem com tanta facilidade. Esse é o momento quando as pessoas costumam ficar confusas quanto à diferença entre a alegria espiritual e a emoção de felicidade.

A *felicidade* é uma emoção que temos quando estamos experimentando boa ventura e sucesso. Mas você pode experimentar "alegria espiritual" até mesmo nas provações mais acentuadas quando decide seguir o conselho de Deus: *Sede gratos por todas as coisas, pois essa é a vontade de Deus em Cristo Jesus para convosco* (1Ts 5.18).

Por essa razão, uma definição mais precisa de alegria é que alegria é o "sacrifício" de louvor. Assim como o amor, a alegria é um sacrifício. Mesmo quando não sente vontade de louvar a Deus ou dar graças a ele, você faz o que ele manda e, apesar das suas circunstâncias, você busca a alegria. Nos momentos em que preferiria se deleitar na autocomiseração ou ficar presa à depressão, você escolhe olhar para além da sua dor e fazer do seu louvor um sacrifício a Deus. É como Hebreus 13.15 diz: *Ofereçamos sempre a Deus um sacrifício de louvor, que é fruto dos lábios que declaram publicamente o seu nome.*

Uma pausa para orar

Pai de toda alegria, oro para que _____ passe o seu dia cheio da alegria do teu Espírito, independentemente do que acontecer hoje na vida dele. Oro para que o nosso casamento e o nosso lar reflitam a alegria do Senhor... aconteça o que acontecer.

O fruto da paz — A paz é o sacrifício da confiança. Eu e você fazemos esse sacrifício quando enfrentamos dor e tensão e escolhemos confiar em Deus em vez de entrarmos em pânico, desmoronarmos ou ficarmos bravas. Quando as circunstâncias a tentarem a entrar em pânico, sentir-se apavorada ou ter um ataque nervoso, você pode ceder a esses sentimentos ou confiar em Deus. Você pode se apresentar a ele e ser preenchida com a paz que vem dele, ou pode sucumbir às emoções da carne. A escolha é sua.

A sua oração é que o seu marido escolha confiar em Deus — escolha fazer o sacrifício da confiança. Isso fará que ele experimente a paz de Deus mesmo em meio a um caos tremendo. O apóstolo Paulo descreveu o sacrifício da confiança desta forma:

Não andeis ansiosos por coisa alguma; pelo contrário, sejam os vossos pedidos plenamente conhecidos diante de Deus por meio de oração e súplica com ações de graças; e a paz de Deus, que ultrapassa todo entendimento, guardará o vosso coração e os vossos pensamentos em Cristo Jesus (Fp 4.6,7).

Uma pausa *para orar*

*P**ai de toda paz, peço que o Senhor faça do* _____ *uma rocha de força serena independentemente do que possa acontecer com ele ou conosco, a família dele. Oro para* _____ *confiar que tu darás a sabedoria, compreensão e paz de que ele precisa para realizar o que tu pedes dele. Ajuda* _____*, como marido e pai, a confiar na tua graça e desfrutar da paz que só tu podes dar.*

O fruto da paciência — Assim como nos outros frutos do Espírito, aqui somos chamadas por Deus para ser pacientes. A palavra de Deus nos instrui desta forma: *Revesti-vos de* [...] *paciência* (Cl 3.12). Ter paciência é escolher "não fazer nada" antes de conferir com Deus e saber qual é a coisa certa a fazer. A paciência tem a capacidade de esperar, esperar e esperar um pouco mais... por um tempo muito longo, se necessário.

Muitos casamentos têm um estoque baixo de paciência. E assim você ora! Você ora por paciência, especialmente quando parecer que Deus está demorando a mudar seu marido. Mas perceba também quanto Deus é paciente com você quando você resiste aos esforços dele para mudá-la.

Uma pausa *para orar*

P̄ai de toda paciência, oro para _____ ter a paciência que vem de ti para esperar em vez de ter uma reação exagerada. Oro para que _____ pare, ore e avalie antes de reagir às provações diárias para que a reação dele demonstre um comportamento semelhante ao de Cristo.

O fruto da benignidade — Enquanto a paciência espera e não faz nada pecaminoso, como ficar bravo, gritar ou sair irado, a benignidade planeja uma ação piedosa, uma reação piedosa. A benignidade escolhe "fazer algo". Ela *escolhe* fazer algo construtivo. Isso pode não soar muito especial, mas a benignidade cheia do Espírito é um interesse genuíno e afetuoso pelas outras pessoas — do tipo que Jesus tinha pelos outros, o que faz disso algo excelente e extremamente importante. É uma questão do coração. Portanto, faça como Colossenses 3.12 aconselha: *Revesti-vos de [...] benignidade.* Vista-se com a benignidade de Deus.

Uma pausa *para orar*

P̄ai de toda benignidade, oro para que _____ demonstre a tua benignidade e interesse pelo bem-estar dos outros, inclusive da família.

O fruto da bondade — A bondade "fará tudo" o que puder para derramar as bênçãos de Deus sobre os outros. A bondade cumpre os interesses da benignidade — ela dá o passo gigante de sair das boas intenções e fazer de fato tudo o que puder para servir aos outros. John Wesley, o famoso pregador de vários séculos atrás, entendeu o princípio de fazer tudo. Na verdade, ele escolheu fazer disso uma regra para sua vida e colocar em prática as palavras a seguir:

> Faça todo o bem que você puder,
> com todos os recursos que você puder,
> por todos os meios que você puder,
> em todos os lugares que você puder,
> em todos os tempos que você puder,
> para todas as pessoas que você puder,
> sempre e quando você puder.

Uma **pausa** *para orar*

*P*ai *de toda bondade, lembra* _____
hoje da tua bondade a nós. Faze-o ficar muito alerta hoje para fazer todo o bem que ele puder por todos os meios que puder.

O fruto da fidelidade — O fruto incontestável da fidelidade significa decidir *fazer algo*... custe o que custar. *Fazer algo* — seja o que for esse "algo" que precisa ser feito — independentemente de sentimento, disposição ou desejo. *Faça!* deve se tornar o seu grito de guerra como casal conforme vocês dois lutam a cada dia com fidelidade e cumprem as suas muitas responsabilidades. É claro que você e o seu marido provavelmente têm diferentes áreas de fraqueza. Talvez o cansaço encabece a lista... seguido de perto pela preguiça, talvez até um traço de indiferença. Mas, quando você toma a decisão de *fazer algo* e recorrer a Deus para obter a força e o propósito dele ao *fazê-lo*, ele dá a graça de que você precisa para ter vitória sobre qualquer obstáculo que se levantar entre você e a coisa certa a ser feita, a vontade de Deus.

Uma pausa *para orar*

*P**ai de toda fidelidade, compreendo que esse traço é um dos teus atributos. Oro para que _____ escolha ser fiel a ti na caminhada dele contigo e fiel para cumprir os papéis de marido, pai e provedor além de todas as outras muitas responsabilidades dele hoje.*

O fruto da mansidão — A mansidão, ou "amabilidade" como às vezes é traduzida, assim como os outros frutos do Espírito, exige que você confie em Deus. A mansidão escolhe "suportar". Mansidão não significa fraqueza. Na verdade, tem a ideia de "força sob controle".

O marido que é caracterizado pela mansidão encontra refúgio no Senhor e em seus caminhos. Isso o capacita a tolerar comportamentos rudes e a sofrer confiando na provisão e nos propósitos de um Pai onisciente e cuidadoso. Aos olhos do mundo, a mansidão pode se parecer com a fraqueza, mas decidir demonstrar esse fruto requer uma força superior!

E para aquelas situações constrangedoras que você enfrenta no dia que poderiam facilmente evocar alguma reação nada amável em você, recorra a Deus para obter direção. Se você deparar com o mesmo problema dia após dia (como um filho que continua se comportando mal ou um marido que está sempre bravo), recorra a Deus para obter orientação *e* busque conselho com outras pessoas. Independentemente do que você fizer, mantenha os olhos fixos no Senhor, e ele a guiará pelas veredas da justiça (Sl 23.3)

Uma pausa *para orar*

*P*ai *de toda mansidão, oro para _____ confiar em ti para o que estiver acontecendo na vida dele hoje. Se _____ deparar com alguma questão difícil hoje, ajuda-o a se lembrar de recorrer a ti para obter a tua mansidão. Faze-o se lembrar de confiar no fato de que tu conheces a situação, proteges e cuidas dele.*

O fruto do domínio próprio — O cristão que anda pelo Espírito escolhe se lembrar de "Não faça isso!" quando passa por momentos de tentação. Em outras palavras, você e o seu marido não cedem a emoções, anseios e impulsos errados. Vocês escolhem não pensar ou fazer o que sabem que é errado. O fruto espiritual do domínio próprio dá o poder de dizer "não" à sua carne — às dificuldades com comida, pensamentos, comportamentos, sexo e qualquer outro pecado que vá contra a vontade de Deus.

Uma pausa *para orar*

*P**ai de todo domínio próprio, por favor, dá determinação ao _____ para dizer não a qualquer comportamento que desonre a Cristo e prejudique _____ e a nossa família de alguma forma. Ajuda _____ a andar nos teus caminhos e ser controlado pelo teu Espírito.*

A ARTE DE ANDAR

Amor, alegria, paz, paciência, benignidade, bondade, fidelidade, mansidão e domínio próprio. Que vida — e casamento — deslumbrante você e o seu esposo experimentarão quando esses elementos da graça de Deus estiverem no centro da sua vida diária! Mesmo que o seu marido não seja cristão, ele e toda a sua família serão abençoados quando *você* tiver o cuidado de andar no Espírito.

Em termos simples, andar pelo Espírito significa viver cada momento em submissão a Deus. Significa buscar agradar a Deus com os pensamentos que você escolhe ter, as palavras que escolhe usar e as ações que escolhe tomar. Andar pelo Espírito significa permitir, em obediência, que Deus guie você a cada passo do caminho. É submeter-se a ele a fim de que ele trabalhe em você.

Lamentavelmente, não é fácil andar pelo Espírito. Estou certa de que já percebeu que, ainda que tenha nascido de novo pela obra regeneradora do Espírito, você luta com o pecado. E, para agravar o problema, você tem um marido a quem é ligada física e legalmente aos olhos de Deus, e o seu parceiro também luta com o pecado. Sendo esposa, você não pode desempenhar o papel do Espírito Santo na vida dele. Isso é impossível — e, além disso, não é responsabilidade sua, mas de Deus!

Mas você pode orar pelo seu esposo com fidelidade e fervor. Ore para o seu companheiro conhecer e amar a Deus e andar no Espírito do Senhor. Ore para você andar no Espírito e ser cheia por ele minuto a minuto ao reagir a seus desafios constantes fazendo o que Deus ensina na Bíblia. Ao fazê-lo, confie ao Senhor o coração e o crescimento do seu marido.

Então, vamos à grande questão: Como andar com Deus?

Um pé após o outro
Um pensamento por vez
Uma frase por vez
Uma resposta por vez
Uma decisão por vez
Um minuto por vez
Um dia por vez
E, quando você falhar, pare,
Admita, confesse, desculpe-se e siga em frente.

Uma oração do coração *de Paulo*

Filipenses 1.9

E peço isto em oração: Que o vosso amor aumente cada vez mais no pleno conhecimento e em todo entendimento.

CAPÍTULO CATORZE

Orando para o seu marido ser o líder

*Pois o marido é o cabeça da mulher,
assim como Cristo é o cabeça da igreja, sendo
ele mesmo o Salvador do corpo.*
EFÉSIOS 5.23

É difícil imaginar, mas o casamento não foi uma invenção do homem. Não, foi total ideia de Deus. Na verdade, o casamento foi a primeira instituição que Deus estabeleceu com o primeiro casal de todos os tempos, Adão e Eva. Deus formou neles um time perfeito. Eles receberam a ordem de juntos governarem o mundo. Eles deveriam ser uma força unificada e indivisível. No entanto, com a entrada do pecado no mundo, o time de Adão e Eva foi partido quando cada um trouxe os próprios interesses para dentro do casamento. Daquele momento em diante, a liderança dentro do casamento tem sido um assunto debatido com veemência — e um tópico polêmico em muitos casamentos!

Centenas de séculos mais tarde, o livro de Efésios, no Novo Testamento, deu a nós, esposas, um versículo que podemos usar nas nossas orações pelos maridos. Em um tempo em que a instituição do casamento estava com graves problemas, não apenas na comunidade judaica, mas também nas sociedades grega e romana, o apóstolo Paulo apresentou algumas instruções revolucionárias para cumprir o desígnio de Deus para o casamento.

Por incrível que pareça, o que Paulo escreveu em Efésios ainda é revolucionário para o nosso mundo de hoje! Ele disse que o casamento cristão funcionará melhor se o homem for o líder. Que conceito, não é mesmo?

A FÓRMULA CAMPEÃ DE DEUS

Tenho compartilhado ao longo deste livro que vivi... não, sobrevivi... durante vinte e oito anos sem um conjunto de diretrizes práticas para a vida. Depois, como cristã recém-convertida que havia fracassado terrivelmente como esposa por oito anos, eu queria saber com exatidão o que Deus queria que eu soubesse, fosse e fizesse. Então, mergulhei na minha Bíblia nova para descobrir o que ela dizia sobre o meu papel como esposa. Ao ler, percebi que o plano de Deus era realmente bem simples — e muito claro. O alicerce que Deus estabelece para o casamento se encontra no versículo que você vai usar nas orações pelo seu marido. Dedique um minuto para ler o versículo na primeira página deste capítulo.

Minha oração *pelo meu* marido

Efésios 5.23

Querido Senhor, oro para que tu fortaleças e capacites _____ *a abraçar o papel dele como cabeça do nosso casamento como Jesus abraçou o papel dele como cabeça da igreja. Guia*

_____ *e dá a ele da tua sabedoria. Fortalece a fé e a confiança dele em ti ao nos liderar como casal e família com amor e propósito.*

Paraíso perdido

No início e para sempre depois disso, houve apenas um casamento perfeito, que foi o de Adão e Eva. Ele era perfeito porque não havia pecado. Deus, por não ter pecado, só poderia criar o que fosse puro e sem pecado. Portanto, Adão e Eva eram puros e sem pecado. Você consegue imaginar a alegria e harmonia que esse casal vivia 24 horas por dia, 7 dias por semana? Nada de discussões. Nada de comentários ofensivos. Nenhuma dificuldade em tomar decisões. Todos os dias eram absolutamente perfeitos. Felicidade pura e zero estresse. Nunca houve um momento de temor ou desilusão. Nada de preocupação com dinheiro. Ah, e nada de problemas com a família do cônjuge! Que delícia!

Não sabemos quanto tempo esse casal privilegiado teve antes que o mundo do pecado desabasse à sua volta. Desde o momento do primeiro ataque dissimulado da "serpente"[1] sobre Eva e da derrota subsequente do casal, o nosso inimigo Satanás tem usado a mesma estratégia bem-sucedida de atacar e destruir casamentos. E ele tem recebido ajuda diária em profusão da nossa natureza pecaminosa egoísta, que cumpre a função apropriada de manter os cônjuges em discordância entre si.

Aqui está como as coisas aconteceram em Gênesis 3 com Adão e Eva. Ao continuar lendo, lembre-se constantemente

---

[1] Também citada na Bíblia como acusador, demônio, Satanás, enganador, o Maligno, tentador, pai da mentira, mentiroso e o perverso.

de que as mesmas ações e atitudes ocorrem nos casamentos de hoje, incluindo o seu.

Jogando a culpa um no outro ou nos outros — Uma reação natural aos problemas é que cada cônjuge jogue a culpa no outro pelo que aconteceu. No perfeito jardim do Éden, a serpente tentou Eva a comer o fruto que Deus havia proibido expressamente que ela e Adão comessem. Na verdade, essa era a única coisa que Adão e Eva não podiam fazer! Bem, você já conhece a história: Eva comeu o fruto... e então deu o fruto a Adão... que também comeu dele (Gn 3.6).

Quando Deus reuniu Adão, Eva e a serpente, depois de ocorrer a queda no pecado, a culpa correu do maior para o menor:

- Adão jogou a culpa em Eva, dizendo: *A mulher que me deste deu-me da árvore, e eu comi* (v. 12).
- Eva, então, jogou a culpa na serpente: *A serpente me enganou, e eu comi* (v. 13).

Nem Adão nem Eva assumiram a responsabilidade pelos seus atos. Cada um olhou em volta para ver onde poderia jogar a culpa.

Lamentavelmente, o ato de jogar a culpa nos outros continua até hoje. Nenhum dos cônjuges quer assumir uma parcela de culpa quando as coisas dão errado. E é aí onde a liderança no casamento desmorona.

O meu marido, Jim, escreve sobre liderança para homens há muitos anos e ele acredita que Adão deveria ter se apresentado e tomado a responsabilidade pelo que aconteceu. Adão era responsável por Eva. Note que Deus convocou e se dirigiu a Adão sobre o que os dois haviam feito — não a Eva: *Mas o Senhor Deus chamou o homem, perguntando...* (v. 9).

A *guerra dos sexos começou e ainda continua* — Nós não sabemos o que poderia ter acontecido se Adão tivesse tomado a liderança e a responsabilidade, mas, de acordo com as Escrituras, Deus então julgou esse trio e ministrou o castigo a eles. As coisas nunca mais seriam as mesmas no mundo ou no relacionamento conjugal de Adão e Eva.

Leia mais para ver o que aconteceu:

> *Então o SENHOR Deus disse à serpente: Porque fizeste isso, serás maldita entre todo o gado e entre todos os animais do campo; andarás sobre o teu ventre e comerás pó todos os dias da tua vida. Porei inimizade entre ti e a mulher, entre a tua descendência e a descendência dela; esta te ferirá a cabeça, e tu lhe ferirás o calcanhar* (v. 14,15).

Deus disse à mulher: *O teu desejo será para o teu marido, e ele te dominará* (v. 16).

Então disse a Adão:

> *Porque deste ouvidos à voz da tua mulher e comeste da árvore da qual te ordenei: Não comerás dela; maldita é a terra por tua causa; com sofrimento comerás dela todos os dias da tua vida. Ela te produzirá espinhos e ervas daninhas; e terás de comer das plantas do campo. Do suor do teu rosto comerás o teu pão, até que tornes à terra, pois dela foste tirado; porque és pó, e ao pó tornarás* (v. 17-19).

Comentando os resultados da queda e do pecado de Adão e Eva, um teólogo observa:

> Por causa do pecado e da maldição, assim também o homem e a mulher enfrentarão adversidades no relacionamento. O pecado transformou o sistema harmonioso de funções

ordenado por Deus em ferrenhas lutas de obstinação. Companheiros vitalícios, marido e esposa necessitarão, em consequência, da ajuda de Deus para seu convívio. O desejo da mulher será de ser senhor sobre o marido, mas o marido governará por desígnio divino.[2]

O QUE VEM DEPOIS DISSO?

Você já perdeu um par de brincos caros e gastou horas procurando por eles? Imagino que não tenha desistido até encontrá-los, certo? Bem, reflita sobre isto: Quanto o seu casamento é mais importante do que os seus brincos? Brincos são *coisas* — coisas que podem ser substituídas. Mas e o seu casamento? E o seu marido? Bem, essa é outra história.

Quando o assunto é o seu casamento, você deveria estar disposta a fazer qualquer coisa para produzir o tipo de relacionamento conjugal que Deus deseja. Você deveria se comprometer a seguir as regras e diretrizes dele para vivenciar a vontade dele para você e o seu esposo. O seu casamento tem a aprovação de Deus e ele e espera que você faça a sua parte. Essa é a vontade dele para *você*. E é certo que Deus também tem diretrizes para o seu marido. Mas ele pede que *você* se concentre e cuide apenas do *seu* papel.

Então, nos perguntamos: "Como é possível uma esposa fazer isso? Como eu posso fazer isso?"

Um bom princípio a recordar é este: Quando algo parecer impossível de ser feito ou sem esperança, volte para a Bíblia e revise o que Deus diz. Isso sempre ajuda. Revisite as bases bíblicas com uma oração no seu coração. Uma nova análise do que a palavra de Deus diz simplificará os seus problemas e lhe dará as respostas. Salomão, o homem mais sábio do

---

[2] MACARTHUR, John. *Bíblia de estudo MacArthur.* Barueri, SP: Sociedade Bíblica Brasileira, 2010, p. 22.

tempo dele, instruiu: *Reconhece-o em todos os teus caminhos, e ele endireitará tuas veredas* (Pv 3.6). E o meu versículo preferido de todos os tempos sobre confiar e se comprometer a fazer o que a Bíblia diz é Salmo 33.11: *O plano do* Senhor *permanece para sempre, e os intuitos do seu coração, por todas as gerações.*

UM LÍDER PRECISA DE UM SEGUIDOR

Há poucas verdades tão básicas quanto esta: "Não existirão líderes se não existirem seguidores". O seu marido terá dificuldades para liderar se você não estiver disposta a seguir. Assim como você não pode obrigar o seu marido a liderar, ele não pode forçá-la a segui-lo. Por isso, você deve escolher se submeter.

O versículo deste capítulo para usar nas suas orações pelo seu esposo é Efésios 5.23: *Pois o marido é o cabeça da mulher, assim como Cristo é o cabeça da igreja.* E o versículo que precede essa declaração diz: *Mulheres, cada uma de vós seja submissa ao marido, assim como ao Senhor.*

Aí está! O marido é o cabeça — o líder. E a mulher é a seguidora. Isso é reforçado em Colossenses 3.18, um versículo semelhante: *Mulheres, cada uma de vós seja submissa ao próprio marido, como convém no Senhor.* Isso significa que, da mesma forma que se submete ao Senhor, você também deve seguir a liderança do seu marido de forma deliberada.

Agora juntemos os versículos 22 a 24:

[22] Mulheres, cada uma de vós seja submissa ao marido, assim como ao Senhor;

[23] pois o marido é o cabeça da mulher, assim como Cristo é o cabeça da igreja, sendo ele mesmo o Salvador do corpo.

[24] Mas, assim como a igreja está sujeita a Cristo, também as mulheres sejam em tudo submissas ao marido.

O verbo "submeter-se" é uma combinação de duas palavras com um contexto militar. Ele significa "entrar em fila, colocar-se em ordem, organizar, posicionar-se abaixo ou embaixo de". Mais à frente, no versículo 33, Paulo trocou a palavra "submissão" por "respeito". Você não deveria se ressentir ou resistir à submissão, mas vê-la como uma atribuição dada pelo próprio Deus a você. Você tem que se comprometer a seguir o seu marido, se adaptar à liderança dele e à maneira como ele lidera motivada por amor e respeito.

Agora, antes que você comece a reagir a esse conceito de submissão, perceba que, apesar de o mandamento aqui em Efésios 5 e também em Colossenses 3 ser específico para o seu papel no casamento, *todos* os cristãos têm de voluntariamente se submeter e se posicionar debaixo um do outro como Deus ordena... e não acima um do outro (cf. Fp 2.3-8).

Aqui vai uma reflexão: É interessante que Deus não mandou que o marido liderasse, mas dirigiu a sua comunicação à esposa — a você! Ele está informando que você deve seguir o seu esposo à medida que ele lidera.

COMO NÃO SEGUIR O PLANO DE DEUS

Você sabe como algumas mulheres casadas seguem o plano de Deus? Elas se tornam vigias do marido. (Espera-se que você não seja uma delas!) Elas sabem tudo o que Deus diz que o homem supostamente deve fazer e ser, e sabem como Deus instrui e espera que o homem trate a esposa. Mas, em vez de orar para Deus mudar o marido e se concentrarem com empenho em cuidar da sua própria fidelidade à atribuição dada por Deus às mulheres casadas, elas tentam assumir o papel autonomeado de atuar como "Espírito Santo".

Esse tipo de mulher acredita que tem como obrigação apontar as falhas e os defeitos do esposo. Ela pode até adotar uma atitude de só fazer o certo se ele fizer primeiro. No coração (e talvez até verbalmente), ela decide: "Quando ele fizer isso ou aquilo, aí eu vou fazer isso ou aquilo". Ela adia a obediência ao seu papel de esposa e faz que a sua submissão ao marido seja condicionada ao comportamento dele.

SEGUINDO O PLANO DE DEUS
ORANDO — E OLHANDO PARA O ALTO

Há esperança e socorro para todas nós... que é a oração! A Bíblia nos diz:

- Se alguém tem falta de sabedoria, olhe para o alto — peça-a a Deus.
- Se alguém tem falta de amor, paciência ou autocontrole, olhe para o alto — faça o que Deus diz e ande pelo Espírito.

Quando você para de fazer ou pensar em algo que vai contra a palavra de Deus, quando você se refreia ou para com as suas críticas severas e ora, isso é olhar para o alto. Isso é se apresentar a Deus e verificar a si mesma, as suas palavras e o seu comportamento. É recorrer a Deus para ajudá-la com o seu marido, para supri-la com sabedoria, amor, paciência e autocontrole do Senhor.

Neste capítulo, estamos nos concentrando especificamente na sua oração pela liderança do seu marido no casamento. E o que você está pedindo não acontecerá da noite para o dia. Orar pela liderança do seu esposo no seu casamento e na família é uma missão permanente dada pelo Senhor. Aqui estão alguns elementos-chave na sua oração:

- *Ore para o seu marido liderar pelo amor* — O conceito de liderança do mundo é o senhorio. Muitos homens (e isso pode incluir o seu marido) foram criados em um lar onde

228 O PODER DA ORAÇÃO PELO CASAMENTO

o marido dominava. Ele liderava pela intimidação. Como resultado disso, talvez o seu amado não conheça nenhum outro modelo a seguir. Para revisar, em Efésios 5 o homem recebe uma ordem: *Ame a sua mulher, assim como Cristo amou a igreja e a si mesmo se entregou por ela* (v. 25). A liderança do seu esposo deve ser demonstrada não pelo domínio sobre você e os seus filhos, mas em amor — na disposição de sacrificar o tempo, o dinheiro e a vida dele por você e as crianças. Que esposa não seguiria nem submeteria de forma deliberada a um homem que está preparado para sacrificar tudo por ela e pela família?

■ *Ore para o seu marido ser o seu guia espiritual* — Isso significa que você está orando basicamente para ele ler a Bíblia, ir à igreja, ser acompanhado e apoiar o seu desejo de amadurecer espiritualmente.

■ *Ore para o seu marido orar por você* — A melhor forma de seu marido poder liderá-la é saber o que está acontecendo na sua vida, estar por dentro dos seus medos e lutas, suas esperanças e sonhos. Isso pode acontecer enquanto os dois conversam e oram juntos e um pelo outro.

■ *Ore para o seu marido liderar com entendimento* — A Bíblia se refere a você, como esposa, como *parte mais frágil* (1Pe 3.7). Essa é uma referência à força física, e não às capacidades e habilidades mentais e espirituais. Primeira Pedro 3.7 instrui: *Vivei com elas a vida do lar, com entendimento, dando honra à mulher como parte mais frágil e herdeira convosco da graça da vida, para que as vossas orações não sejam impedidas.*

O fato de você ser mais fraca fisicamente não tem como intuito afetá-la de forma negativa. É simplesmente uma afirmação quanto à sua necessidade de proteção e sustento. Esse é o papel de liderança que o seu marido deve assumir. Ele tem que literalmente "arcar" com mais reponsabilidades físicas na vida de vocês e do seu lar.

■ *Ore para o seu marido liderar os seus filhos* — Falando de modo histórico e bíblico, é o pai que, no lar cristão, é o líder no treinamento dos filhos. Ore para o seu marido...

- assumir um papel ativo na vida dos filhos.
- ajudar com a nutrição física, mental e espiritual dos filhos.
- ler a Bíblia com os filhos e ajudá-los a memorizar versículos importantes da Bíblia.
- orar com os filhos nas refeições e como parte da rotina da hora de ir para a cama.

MAS E SE...?

A esta altura, você pode ter algumas perguntas. Você pode estar pensando: "Espere aí. E se o meu marido...?" Vamos analisar três situações hipotéticas em que muitas esposas podem se encontrar.

Mas e se eu não tiver problemas de liderança no meu casamento? Louvado seja Deus! Você é bem-aventurada e abençoada por Deus. Mas não esmoreça nos seus esforços de oração. O fato de o seu relacionamento conjugal estar indo bem deveria fazer que você redobre os seus esforços em orar pelo seu marido e o papel dele como líder. É como Pedro alertou: *Tende bom senso e estai atentos. O Diabo, vosso adversário, anda em derredor, rugindo como leão que procura a quem possa devorar* (1Pe 5.8). O seu adversário adoraria destruir o relacionamento forte que você e o seu companheiro desfrutam. Faça a sua parte para manter o seu casamento nos trilhos, orando e vivenciando os papéis dados por Deus a você como esposa.

Seja proativa! Redobre os seus esforços para apoiar o seu esposo. Deixe claro para ele quanto você valoriza a liderança dele. Diga que você está orando por ele todos os dias na liderança e no amor pela família. Consulte-o sempre sobre qualquer problema que ele tenha no trabalho e ore fielmente para ele obter sabedoria e discernimento para lidar com eles. Busque a todo momento formas para apoiar a liderança dele na frente das crianças.

Mas e se eu for casada com um cristão passivo? Esse tipo de marido definitivamente precisa das suas orações. Esse é o homem que, quando você pede orientação, responde com: "Você que sabe, querida". Ou "Faça como você quiser, amor". Ou: "Pra mim tanto faz. Você decide".

Mais uma vez, a sua prioridade número um é orar. Além disso, o seu papel ainda permanece: Você deve ajudar, seguir, respeitar e amar o seu parceiro. Tenha como objetivo aprender formas melhores de pedir direcionamento e discutir as questões que o seu casamento e a sua família enfrentam. Bloqueie qualquer comportamento que estiver produzindo resultados negativos. Guarde o seu coração da frustração e guarde a sua boca das críticas. Acima de tudo, guarde-se de tomar a liderança no seu lar.

É incontestável que, quando o seu esposo sair de casa para trabalhar ou cumprir alguma obrigação, você deve intervir e preencher a vaga da liderança. Mas, quando o seu marido estiver em casa, encontre formas de pedir que ele tome as decisões, dê direcionamento, exerça a liderança. Tenha em mente o que aprendemos anteriormente ao interagirem diariamente: que dois erros não fazem um acerto. O fracasso do seu marido na liderança não significa que você tem que se apressar e liderar. Ajuste e experimente novas e melhores formas de se comunicar com o seu esposo a fim de que ele, com o tempo, se torne o líder da sua casa. E nunca é demais dizer: Ore! Ore milhares de vezes ao dia, se necessário.

Mas e se eu for casada com um homem não convertido? A palavra de Deus e os papéis de vocês ainda valem no seu casamento. A atribuição que Deus deu a você não é de mudar o seu marido ou salvá-lo. A salvação por meio de Jesus Cristo e a mudança real ocorrem por uma obra divina, sobrenatural, que somente Deus pode realizar no coração do seu companheiro.

Então, acima de tudo, continue orando. E continue fazendo o que você sabe que Deus espera de você e de toda esposa cristã: ajudar, seguir, respeitar e amar. Tenha como objetivo auxiliar e ministrar ao seu marido não convertido de todas as formas que vierem à sua mente. Abra o seu coração e a sua boca para elogiá-lo pelo que ele faz por você e a sua família. Procure as muitas boas qualidades dele e deixe claro para ele quanto você o valoriza — diariamente!

Outra coisa, você não pode esperar que um marido não cristão aja como um homem convertido. Então, tome cuidado para não compará-lo com homens casados cristãos. Lembre-se também que Deus pode ajudá-la a fazer qualquer coisa, inclusive amar o seu esposo não convertido. Ou, como uma amiga minha se referia ao seu marido não crente, o seu "incrédulo amado".

CONTANDO COM O CUIDADO DE DEUS

Onde quer que a sua vida se encontre hoje, não se desanime. Não ceda à depressão, ao desespero, à derrota, à dúvida ou ao desalento. Tenha coragem! Deus conhece a sua situação e o seu coração. O seu Deus é o mesmo Deus que, quando falando a Moisés sobre a escravidão dos israelitas no Egito, disse que...

- ... ele *ouviu* os clamores do povo.
- ... ele *viu* a sua opressão.
- ... ele *desceu* e
- ... ele estava *fazendo algo a respeito disso!*
- Ele *estava enviando Moisés* (cf. Êx 3.9,10).

Você deve confiar que Deus fará a parte dele na sua vida, na vida do seu esposo e no seu casamento. Conte com o fato de que Deus *sabe* tudo sobre a sua situação. Ele sabe de *tudo*! Ele sabe se o seu marido é convertido ou não, se o seu marido é um grande líder ou hesita em assumir esse papel. E ele conhece cada um dos desejos do seu coração e cada preocupação sincera que você tem com o seu parceiro, o seu casamento e o seu relacionamento com ele.

Conte com o fato e a verdade de que Deus se importa com a sua situação e o seu casamento, e se importa ainda mais do que você.

E assim você ora! Ore para ser o tipo de esposa que Deus quer no seu casamento hoje. Ore para o seu esposo amar a Cristo e crescer ainda mais no amor pelo Senhor. Ore para que o seu parceiro, como cabeça do seu lar, tome a frente do seu casamento e seja o marido e líder que Deus deseja que ele seja. E, enquanto você ora,

Espera pelo SENHOR;
anima-te e fortalece teu coração;
espera, pois, pelo SENHOR (Sl 27.14).

Conselho *do coração de* Jesus *sobre a oração*

Mateus 6.6

*M*as tu, quando orares, entra no teu quarto e, fechando a porta, ora a teu Pai que está em secreto; e teu Pai, que vê em secreto, te recompensará.

CAPÍTULO QUINZE

Orando pelo seu marido *como* parte *do seu* time

> *Melhor é serem dois do que um, porque têm melhor recompensa do seu trabalho. Pois, se um cair, o outro levantará seu companheiro. Mas pobre do que estiver só e cair, pois não haverá outro que o levante.*
>
> ECLESIASTES 4.9,10

Percorremos um longo caminho na descoberta do que significa orar pelo nosso marido, não é mesmo? Basicamente, temos avançado e reunido um composto de quais devem ser as prioridades de um homem casado. Quando essas prioridades são vivenciadas, resultam em um homem maravilhoso! E se eu não estiver enganada, desde que você iniciou e continua a orar, o seu marido está começando a se parecer e agir mais como esse homem, caso ele já não o seja!

A infusão da palavra de Deus na sua vida, e a sua compreensão e atenção ao seu próprio papel como esposa, provavelmente estão tendo um efeito perceptível sobre o seu comportamento, a sua visão das coisas e os seus pensamentos com relação ao seu casamento e ao seu marido. Eu a respeito muitíssimo por permanecer comigo ao longo do nosso estudo de tantos textos incríveis das Escrituras, junto com algumas repetições e revisões. Você fez muito bem, minha amiga leitora! É como dizem: o passo mais difícil de qualquer mudança ou projeto é começar.

Quero parabenizá-la por começar. Afinal de contas, você chegou ao fim deste livro. Algumas coisas na vida são repetidas diariamente — para sempre. Uma dessas coisas com certeza é orar pelo seu marido. Esse deve ser um desejo e um foco permanentes e, pela graça de Deus, serão os seus.

Mas, antes de encerrarmos o nosso tempo juntas, tenho mais um versículo que eu quero que você use em oração. Você vai gostar desse, porque ele tem como foco principal ser a melhor amiga do seu maridinho! É um versículo e uma oração sobre o seu esposo ser parte do time conforme vocês dois trabalham juntos no funcionamento diário do seu casamento.

Agora vejamos com os nossos próprios olhos o impacto e a produtividade que podem vir como resultado de um casamento em que os cônjuges trabalham em equipe. Conheça Áquila e Priscila, um "casal de poder" na Bíblia, um casal que trabalhava com sucesso em conjunto. Esse casal será um guia e exemplo que você pode seguir. Esse é o casal favorito do meu marido nas Escrituras, e ele sempre teve como desejo que nós dois seguíssemos as pegadas deles.

Mas, primeiro, uma palavra do homem mais sábio do seu tempo, o rei Salomão.

"MELHOR É SEREM DOIS DO QUE UM"

Essas palavras foram escritas pelo rei Salomão. Lamentavelmente, nem sempre Salomão vivenciou os conselhos que dava aos outros, mas a sua sabedoria inspirada por Deus ainda pode dar direção para a nossa vida hoje. Em Eclesiastes 4.8-10, Salomão relatou os infortúnios e o vazio que a pessoa sem companhia experimenta. Ele também disse que não precisa ser assim. Os versículos 9 e 10 formam a nossa oração. Não deixe de lê-los na Bíblia ou na primeira página deste capítulo. Então, vejamos o que eles significam.

Minha oração pelo meu marido

Eclesiastes 4.9,10

Querido Senhor, oro para _____ compreender que eu e ele podemos desfrutar de maior harmonia e realizar muito mais quando trabalhamos juntos como um time. Que _____ confie em mim e saiba no íntimo dele que, se ele cair, estarei ao lado dele para levantá-lo, e juntos seremos melhores do que sozinhos.

Nesses versículos, Salomão falava de trabalho de equipe em ação. Ele disse: *Melhor é serem dois do que um.* Então, explicou o que acontece quando duas pessoas se recusam a trabalhar juntas ou deixam de fazê-lo: *Mas pobre do que estiver só e cair, pois não haverá outro que o levante. Também, se dois dormirem juntos, ficarão aquecidos; mas como um só poderá aquecer-se?* (v. 10,11).

Há muitos pontos positivos no casamento, como ter um corpo quente ao seu lado numa noite fria! Mas é óbvio que essa ideia de ser um time é muito mais ampla do que casais vendo o parceiro como um simples aquecedor de cama. E o fato de ter alguém com quem conversar ao final de um dia árduo em casa ou no trabalho? Ter alguém com quem dialogar sobre as decisões difíceis? Ou (o que foi realmente crucial para mim como mãe ainda jovem!) ter alguém — o pai dos seus filhos — com quem formar um time para lidar com as questões da criação dos filhos?

O CASAMENTO É COMO UMA CORRIDA DE TRÊS PERNAS

Estou certa de que você já esteve em algum piquenique ou acampamento e participou, ou pelo menos assistiu a uma corrida de três pernas. Você conhece a brincadeira. Duas pessoas amarram uma das pernas juntas, formando um competidor de "três pernas". É um tumulto assistir aos times lutando e se ajeitando para tentar coordenar os movimentos a fim de conseguirem correr até a linha de chegada o mais rápido possível. Quem vence a corrida? A dupla que conseguir trabalhar melhor como um time!

O que levanta a questão: Como posso trabalhar com o meu marido como companheiro de time se ele ainda não captou esse conceito?

O primeiro passo, como sempre, é começar e continuar orando para o seu marido ver o valor de trabalharem juntos no seu casamento. Esse primeiro passo gigante pode então levar a trabalharem juntos como um time com os seus filhos, na igreja e na sua comunidade. Como deveria ser esse time no casamento? Para obter a resposta, vamos olhar para Áquila e Priscila, um casal incrível que trabalhava junto como um time.

A DUPLA DINÂMICA

A primeira vez que encontramos esse casal judeu é em Atos 18.2. O ano é 50 d.C. Como todos os judeus foram expulsos de Roma, Áquila e Priscila se mudaram para Corinto. Mais tarde, quando o apóstolo Paulo chegou a Corinto, ele encontrou esse casal que já era cristão. E, assim como Paulo, eles eram fazedores de tendas. Era uma combinação perfeita, e Paulo começou a trabalhar ao lado dos dois.

Essa era um time fenomenal, de fato um casal segundo o coração de Deus. Eles apresentaram um modelo do quanto você e o seu marido podem ser eficientes quando trabalham juntos, seja quando o assunto for o cuidado com a família, a direção de um negócio, o trabalho na igreja ou o fato de serem luzes do evangelho na sua comunidade.

A Bíblia registra somente comentários positivos sobre esse casal dinâmico. Em todo o lugar que ministravam, eles eram uma bênção para os habitantes desse local, tanto cristãos quanto incrédulos. Aqui está um pouco da história deles: *Eles ajudaram a fundar a igreja de Corinto*. Eles ministravam ao lado do apóstolo Paulo enquanto ele pregava o evangelho. A Bíblia não diz, mas é bem possível que eles também tenham pregado algumas vezes:

> *Lá* [Paulo] *encontrou um judeu natural do Ponto chamado Áquila, que havia chegado da Itália fazia pouco tempo, e sua mulher Priscila, porque Cláudio havia decretado que todos os judeus saíssem de Roma. E Paulo foi ao encontro deles* (At 18.2).
>
> *Paulo ainda ficou ali muitos dias. Então se despediu dos irmãos e navegou para a Síria, com Priscila e Áquila [...]. E chegaram a Éfeso, onde Paulo os deixou. E depois de entrar na sinagoga, começou a debater com os judeus* (v. 18,19).

Eles prepararam o terreno para a expansão da igreja. Em Atos 18.26, vemos essa dupla dinâmica em ação: *Ele* [Apolo] *começou a falar corajosamente na sinagoga. Mas, quando Priscila e Áquila o ouviram, levaram-no consigo e lhe expuseram com mais precisão o caminho de Deus.* Isto é, eles perceberam que Apolo estava deixando passar algumas partes da mensagem do evangelho. Então, o convidaram para almoçar na casa deles no domingo e preencheram o que ele entendia sobre o plano da salvação de Deus.

238   O PODER DA ORAÇÃO PELO CASAMENTO

Eles abriram a casa deles para a igreja de Éfeso. No fim da sua primeira carta à igreja de Corinto, Paulo escreveu uma saudação desse casal amado, junto com aqueles que frequentavam a igreja na casa deles: *As igrejas da Ásia vos saúdam. No Senhor, muito vos saúdam Áquila e* Priscila *e, bem assim, a igreja que está na casa deles* (1Co 16.19).

Eles arriscaram a vida deles no ministério. Mais à frente, no fim da sua carta aos crentes em Roma, Paulo enviou uma saudação especial e fez uma homenagem a esse casal que formava um time.

> *Saudai Priscila e Áquila, meus cooperadores em Cristo Jesus, os quais pela minha vida arriscaram a sua própria cabeça; e isto lhes agradeço, não somente eu, mas também todas as igrejas dos gentios* (Rm 16.3,4).

Somente Deus pode dimensionar a contribuição poderosa que esse casal fez durante os anos formativos da igreja! Quais eram as qualificações únicas que eles tinham? Podemos rapidamente presumir que eles tiveram um excelente treinamento teológico, certo? Mas a Bíblia não diz nada sobre a educação deles. Sabemos apenas que eles eram pessoas simples e trabalhadoras — fazedores de tendas.

Creio que Áquila e Priscila tenham nutrido o tipo de unidade no casamento deles que tornava possível que Deus usasse esse humilde casal de maneiras notáveis. Juntos como casal e como time, eles simplesmente se colocaram à disposição — de Deus, de Paulo, de Apolo e das pessoas que formavam a igreja. E Deus os usou grandemente.

> O trabalho em equipe é o combustível que permite que pessoas comuns alcancem resultados incomuns.[1]

---

[1] Esta declaração costuma ser atribuída a Andrew Carnegie.

O PODER DO ESFORÇO EM EQUIPE

Aqui estão apenas algumas observações sobre o sr. Áquila e a sra. Priscila sobre as quais você pode orar por você e pelo seu marido. Mesmo que vocês não consigam orar juntos, você pode orar pela parte que pode desempenhar no trabalho em equipe ao lado do seu esposo.

Eles usavam os seus dons espirituais em completa harmonia. Os nomes de Áquila e Priscila são sempre mencionados juntos. Esse casal impressionante trabalhava como um time. Sim, você e o seu marido são individualmente responsáveis por desenvolver os seus dons espirituais, mas, quando formam um time como Áquila e Priscila, vocês têm várias oportunidades de trabalhar juntos em ministério mútuo.

Eles expunham a sua fé sem competição. Pode ser que você esteja pensando que esse casal recebeu "aulas particulares". Priscila e Áquila trabalharam lado a lado com o apóstolo Paulo, o escritor de 13 livros do Novo Testamento. Ele não era apenas amigo e colaborador deles, mas também professor particular deles enquanto trabalhavam juntos em Corinto. Você consegue imaginar as discussões animadas que eles tinham todos os dias ao se sentarem juntos para costurar aquelas tendas? Depois de vários anos dessa qualidade de interação diária, instrução fiel e treinamento dados por Paulo, com certeza Priscila e Áquila desenvolveram uma compreensão sólida do Messias e da sua missão. Afinal de contas, veja só quem foi o professor e mentor deles!

Não havia espírito competitivo dentro desse casal no que dizia respeito às questões espirituais. Os dois estavam crescendo espiritualmente, ambos ministrando. Talvez seja por essa razão que os nomes deles costumavam ser invertidos. Parecia que eles tinham uma mentalidade de equipe. Algumas vezes, um dos dois tomava a frente ou tinha a ideia, e outras vezes era o outro. Mas eles nunca competiam entre si.

240 O PODER DA ORAÇÃO PELO CASAMENTO

Que tal copiar o comportamento do Time Áquila e Priscila? Primeiro, certifique-se de que você está crescendo espiritualmente. E, é claro, ore para o seu marido crescer também. Segundo, ore por oportunidades para vocês dois servirem juntos; pode ser no ministério infantil da sua igreja. Ou talvez vocês possam fazer como Jim e eu fizemos: sejam voluntários na organização e limpeza para os eventos da igreja. Quando Jim e eu nos tornamos um casal de convertidos, não podíamos fazer muito, mas com certeza podíamos lavar potes e panelas depois do "junta panelas" na Páscoa!

Se você tem filhos, reflita sobre este conselho que o meu marido compartilha nas nossas aulas sobre criação de filhos:

> Ser modelo é um molde poderoso para o coração e a mente. Não existe uma forma melhor de ensinar os nossos filhos sobre amar e servir uns aos outros do que deixar que eles vejam isso praticado pelos seus pais em conjunto.[2]

Eles tinham a mesma opinião quanto à hospitalidade. Priscila e Áquila faziam algo que qualquer casal pode fazer. Eles tinham as portas sempre abertas e colocavam a sua casa à disposição do ministério da igreja. Foi dessa forma que a igreja primitiva cresceu naquele momento da história. Não havia igrejas construídas; o evangelismo acontecia quando as pessoas abriam o coração e seu lar para a expansão e adoração da igreja.

Mais uma vez, reflita a respeito disso para os seus filhos:

> Não há melhor campo de treinamento para a fé dos seus filhos do que ver os pais abrirem as portas do seu lar e fazer

---

[2] Adaptado de GEORGE, Jim. *A Dad After God's Own Heart.* Eugene, OR: Harvest House, 2014, p. 149.

parte de um ministério em família dentro da sua própria casa![3]

Eles estavam igualmente dispostos a se sacrificarem. No fim da epístola aos Romanos, Paulo enviou saudações a Áquila e Priscila e comentou sobre o serviço sacrificial deles: *Saudai Priscila e Áquila, meus cooperadores em Cristo Jesus, os quais pela minha vida arriscaram a sua própria cabeça; e isto lhes agradeço, não somente eu, mas tamb*ém todas as igrejas dos gentios (Rm 16.3,4). Esse casal comum foi efetivo no seu serviço, por causa do seu compromisso com o Salvador. Eles eram *cooperadores em Cristo Jesus*. Estavam comprometidos a ponto de estarem dispostos a sofrer e *arriscaram a sua própria cabeça*. Perceba que Paulo disse que isso se estendia a *todas as igrejas dos gentios*. Priscila e Áquila deram tudo o que tinham — para todos.

A esta altura no tempo e no seu casamento, pode ser que Deus não esteja pedindo que você e o seu marido arrisquem a sua vida, mas com certeza ele está pedindo que *apresenteis o vosso corpo como sacrifício vivo* (Rm 12.1) a todo e qualquer momento. Isso não se aplica apenas ao serviço a Deus, mas descreve o papel de serviço abnegado de vocês dentro da sua própria casa — um ao outro e aos seus filhos.

TRABALHANDO PARA ALCANÇAR O TRABALHO EM EQUIPE

Infelizmente, ao interagir com mulheres casadas e mães como um hábito diário, eu ouço com grande frequência sobre pais que estão entregando as responsabilidades deles na criação dos filhos para a esposa. Em vez de fazerem o trabalho pesado de liderar, os homens estão esperando que as mulheres

[3] Ibidem.

carreguem os fardos da tomada de decisões, do ensino, do treinamento e da disciplina. Então, o "papai" se torna apenas um bom moço que está presente, mas não faz nenhuma diferença. Ele não tem uma opinião de fato sobre quase nada, especialmente qualquer coisa que seja relacionada ao lar ou aos filhos. Ele coloca dinheiro em casa e acredita que por isso cumpriu as suas responsabilidades.

Espero que esse não seja um retrato do que esteja se passando debaixo do seu teto e no seu casamento. Mas, se for, você precisa se tornar o que citamos como "guerreira de oração". Comprometa-se a orar com fervor e devoção para o seu marido assumir o lugar de direito dele como líder do time que é a sua família. Tome posse da sua missão e do seu ministério de orar pelo seu marido com todo o seu fôlego. É como um dos meus antigos pastores costumava afirmar: "Todo ar que você inspira deveria se tornar uma oração que você emite". Ore com fidelidade usando os versículos apresentados neste livro. Use um versículo por dia — ou use todos eles todos os dias! Rogue ao Pai celestial que mova o coração do seu marido e trabalhe nele.

Ore, da mesma forma, o mesmo tanto por você. Ore com o mesmo fervor para ser o tipo de esposa que Deus deseja e apresenta na Bíblia. Ore para ser fiel em seus papéis e responsabilidades como declaradas nas Escrituras. E ore para produzir frutos espirituais como amor, paciência, benignidade e mansidão com relação ao seu marido — junto com uma dose imensa de domínio próprio para você!

O trabalho em equipe não é algo natural para a maioria das pessoas. Muitas foram criadas apenas pelo pai ou pela mãe e não têm nenhum modelo de trabalho em equipe. Outras tiveram pais que forneceram um modelo fraco. Não importa qual tenha sido a nossa criação, somos todos indivíduos egoístas com mente própria.

Com a queda do homem, Deus disse que os casais teriam dificuldades no relacionamento (Gn 3.16). Como somos pessoas egoístas e pecadoras, queremos o que queremos, mesmo em detrimento de outros e do nosso relacionamento com outras pessoas. Essa é uma razão por que os casamentos, especialmente nos primeiros anos, costumam ser atribulados. Cada um quer fazer as coisas à sua maneira. Somente quando ambos começam a resolver as coisas juntos, com muitas concessões, o casamento começa a transcorrer com mais tranquilidade.

Então, justamente quando você consegue resolver essa coisa que se chama casamento, chega um filho, e a dinâmica é alterada. Agora você acrescentou mais uma pessoa egoísta à mistura! O que significa que você e o seu marido têm que aprender a trabalhar em equipe com a nova dinâmica de criar um filho.

O COMPANHEIRISMO PROMOVE
O TRABALHO EM EQUIPE

Com o passar do tempo e dos anos, as mudanças e os desafios no relacionamento conjugal continuam. Tendo isso em mente, aqui estão algumas práticas de companheirismo que ajudarão a promover o trabalho em equipe no seu casamento:

Orem juntos — A oração é o ponto de partida para tudo — inclusive para o seu casamento, independentemente de vocês orarem juntos ou separados e até mesmo se você for a única pessoa a orar. A oração a dois me faz lembrar um jogo de futebol americano. Eu não entendo muito de futebol americano, mas uma coisa sei: os jogadores têm que se reagrupar várias vezes para decidirem a próxima jogada.

O ato de orar é o seu reagrupamento como casal. Você e o seu marido oram juntos e perguntam a Deus qual a próxima jogada que ele quer que vocês dois façam na sua família em constante transformação. Com o tempo, você dois começarão a ouvir o coração um do outro enquanto oram. As preocupações do seu marido se tornarão as suas preocupações e vice-versa até vocês estarem em sincronia, agindo e se movendo como se fossem um.

E se o seu esposo não for cristão ou não quiser orar com você? Bem, não há nada que a impeça de orar. Busque ao Senhor em particular e ore com todo o seu coração!

Façam devocionais juntos — A oração e os momentos devocionais andam de mãos dadas, e é aí onde muitos casais fracassam. Mas não se desespere! Se o seu não puder ou quiser orar ou fazer o devocional, essas atividades ainda são prioridades para você.

Ainda que o marido esteja disposto a fazer o devocional, há outro problema que muitos casais e famílias enfrentam: o casal ou família raramente está em casa no mesmo horário, até mesmo para fazer uma refeição. Você conhece esta cena: o seu marido trabalha até tarde. Talvez você também tenha um emprego. As crianças têm atividades depois da escola etc.

Reúna-se com o seu marido para ver como e quando vocês poderiam fazer o devocional como família. Lembre-se sempre que alguma coisa é melhor do que nada. Cinco minutos em família tendo Deus como centro é melhor do que zero minuto!

Façam planos juntos — Fazer planos fornecerá orientação para a sua família da mesma forma que o leme de um navio o mantém seguindo na direção certa. O seu time precisa de objetivos e de uma direção em comum. Fazer planos juntos para administrar as questões que vocês enfrentam como casal, pais e família dará rumo a todos vocês. O que fazer quanto à educação escolar dos seus filhos? O que fazer quanto às finanças e aquisições? Que igreja vocês deveriam frequentar? Ao compartilharem as suas ideias e orar, vocês estão trabalhando juntos — e não um contra o outro.

ORANDO PELO SEU MARIDO COMO PARTE DO SEU TIME **245**

E se o seu marido não for um planejador nato? De maneira alguma, leve as coisas adiante sem ele. O seu alvo é planejar *juntos*; então, pergunte: "Será que nós deveríamos fazer isto... ou aquilo? O que você acha, querido?" Obtenha a contribuição e as ideias do seu esposo para a situação e depois faça o planejamento em conformidade. Você honra o seu marido quando pergunta, ouve e incorpora os desejos e a orientação dele o máximo possível.

Conversem — A comunicação é a chave para o seu casamento, além de ser a chave para trabalharem juntos. É mais uma vez aquele caso de reunir o casal! Fazer planos juntos significa que vocês estão falando um com o outro. E, quando vocês conversam, as ideias e opiniões são compartilhadas e há poucos desentendimentos, porque vocês dois se comunicaram. Você e o seu companheiro são capazes de fazer planos e trabalhar em cima do plano, porque estão conversando.

E se o seu marido for do tipo calado? Não desista nem deixe de tentar se comunicar — e não pare de amá-lo e respeitá-lo. Vocês conversavam durante o namoro e o noivado, de modo que você sabe que isso é possível. As ideias de ambos são necessárias para que vocês possam trabalhar como um time. Então, quando algum problema chegar, não haverá problema! Todos os seus problemas podem ser resolvidos, ou pelo menos vocês podem desenvolver algum plano para resolvê-los, quando os dois se comunicam.

Criem os seus filhos juntos — Orar, planejar e conversar podem ajudar a solidificar a sua abordagem como casal quanto à educação dos filhos. Vocês precisam tentar ser unidos na sua abordagem quanto à disciplina para ser uma equipe eficiente na criação dos seus filhos. Quando conversarem sobre seus papéis como pais, faça estas perguntas: "O que a Bíblia diz sobre disciplina?"; "O que casais sábios da nossa igreja dizem sobre disciplina?" Quando Jim e eu estávamos em meio às agruras da criação das nossas filhas, tínhamos um compromisso permanente toda semana (na verdade uma saída para tomar um refrigerante) para discutir como foi a semana, como funcionou a nossa disciplina e que mudanças precisávamos fazer. Ufa! Aquele tempo juntos *realmente* nos ajudou a entrarmos unidos em cada nova semana e na mesma página em nossos esforços para treinar e disciplinar bem as nossas filhas.

Sirvam juntos como família — No início, apenas inclua os seus filhos nos seus projetos ministeriais. Participem como família no expediente da igreja. Peça para os seus filhos a ajudarem a preparar um chá de Natal na sua casa para alcançar a sua vizinhança. A família que serve unida permanece unida. Os seus filhos verão você vivenciando a sua fé — eles verão o cristianismo como uma realidade viva.

Se vocês ainda não estão servindo, como poderiam começar? Tudo começa tomando a decisão de servir aos outros, e não apenas à sua família. Procure oportunidades para ajudar à sua volta. Então, entre de cabeça! O serviço faz parte da vontade de Deus.

Divirtam-se juntos — Você e o seu marido precisam fazer um esforço para equilibrar o trabalho e todas as outras responsabilidades separando algum tempo para se divertirem. Planejem juntos e intercalem alguns momentos de diversão em sua agenda. Saiam para visitar museus. Façam viagens a estados vizinhos, parques e lugares históricos. Se vocês têm filhos, organizem noites de jogos em casa. Façam *fondue* ou lancem alguma tradição esquisita como jantar de trás para a frente, começando com a sobremesa. Essas atividades eram tão divertidas que agora são os passatempos favoritos na casa das minhas filhas.

Trabalhem juntos — Como ensinar aos seus filhos a importância do trabalho e de realizá-lo como se o fizessem para o

Senhor? Começando em casa com você e o seu marido designando projetos para eles realizarem ao lado de vocês. Mesmo desde bem novas, as crianças deveriam aprender a recolher os brinquedos, limpar o quarto e ajudar a organizar o lado de fora da casa ou o quintal. Não permita que os seus filhos sejam espectadores enquanto você faz todo o trabalho. Peça para eles também ajudarem... e depois não se esqueça do sorvete!

PROMOVENDO UMA MENTALIDADE DE EQUIPE

Nos esportes, o time que não consegue trabalhar junto é o time que perde. Um bom treinador promove um espírito de equipe e faz o que for necessário para incentivar o trabalho em equipe. Isso é o que você também deve desejar para o seu casamento. Tente estes três passos simples para incentivar o seu esposo a se juntar ao time — a ser um dos jogadores, ou até o capitão do time!

1. Alimente-o. Faça perguntas e compartilhe sugestões sobre formas como vocês dois podem trabalhar juntos em algum projeto e deixe-o liderar, é claro! A parceria no casamento é como uma dupla de dança. Apenas um dos dois pode liderar. Permita que ele guie e você siga, sorrindo para ele o tempo todo.

2. Incentive-o. Sempre que as pessoas começam algo novo, elas se sentem hesitantes e inseguras. Tome cuidado para não enfraquecer o entusiasmo dele com comentários negativos e resistência, quando ele se aventurar como capitão do time. Ofereça poucas sugestões e esteja disposta a apoiar as escolhas e a liderança dele.

3. Interesse-se por ele. Manifeste interesse ativo nas ideias e iniciativas do seu esposo. Tenha como hábito parar o

que estiver fazendo, olhar para ele e ouvir com atenção quando ele disser o que está pensando. Pode não ser como você faria as coisas, mas quem sabe? Dê uma chance. A ideia é dele, e ele está na liderança. Como eu disse, dê uma chance.

O QUE VOCÊ PODE FAZER ALÉM DE ORAR?

Abordamos muitas sugestões, ideias e ações que você pode utilizar para ajudar a construir um time sólido e unido no seu casamento. É claro que você já conhece o valor da oração. Então, o que mais você pode fazer?

A coisa mais importante que você pode fazer pelo seu casamento é determinar que quer ser uma boa esposa, o tipo de esposa que Deus apresenta na Bíblia. Anote. Tenha isso como objetivo de vida. Então, coloque isso diante de você a cada dia, em oração, ao se propor novamente a abraçar, tomar posse, viver e dominar seus papéis e responsabilidades como esposa.

E assim você ora — pelo seu muito amado marido! Resolva orar todos os dias, com fidelidade e fervor, para o seu marido assumir o lugar dele de direito como capitão do time.

Uma afirmação do coração de Josué

Josué 24.15

*E*scolhei hoje a quem cultuareis; se os deuses a quem vossos pais, que estavam além do rio, cultuavam, ou os deuses dos amorreus, em cuja terra habitais. Mas eu e minha casa cultuaremos o S<small>ENHOR</small>.

Sobre a autora

Elizabeth George é autora de *best-sellers* e uma oradora que tem paixão por ensinar a Bíblia para mudar a vida das mulheres. Para obter informações sobre os livros de Elizabeth ou seu ministério de palestras, inscrever-se para receber correspondências ou compartilhar como Deus tem usado este livro na sua vida, favor entrar em contato por:

www.ElizabethGeorge.com

Sua opinião é importante para nós.
Por gentileza, envie-nos seus comentários pelo e-mail:

editorial@hagnos.com.br

Visite nosso site:

www.hagnos.com.br